Wer sich gut fühlen will, muss auch gut denken – und das wird in diesem Tagebuch trainiert. Das *6-Minuten-Tagebuch* hilft, nicht auf das zu schauen, was fehlt oder nicht passt, sondern sich auf Fortschritt und das Gute zu fokussieren.

Simpel und wirkungsvoll werden in jeweils drei Minuten am Morgen und am Abend die praxiserprobten Prinzipien der Positiven Psychologie genutzt, um das eigene Wohlbefinden langfristig zu steigern. Sechs Minuten, um wünschenswerte Gewohnheiten – wie zum Beispiel Dankbarkeit, Optimismus oder persönliches Wachstum durch tägliche Reflexion – aufzubauen. So werden die positiven Veränderungen automatisch in den Alltag integriert, und du kannst dein Leben Tag für Tag ein bisschen besser machen – konstant und proaktiv.

Dominik Spenst ist Autor der *6-Minuten-Journals*®, Erfinder des *6-Minuten-Prinzips*® und Host des *6-Minuten-Podcasts*. Nach einem schweren Unfall verbrachte er vier Monate im Krankenhaus und entwickelte aus dieser transformierenden Erfahrung heraus das erfolgreichste Dankbarkeitstagebuch der Welt, *Das 6-Minuten-Tagebuch*. Mit seinem Team spezialisiert er sich seit Jahren auf eine Sache: wissenschaftlich fundierte, leicht anwendbare Praxisbücher, mit denen sich Menschen überall auf der Welt glücklicher, produktiver und achtsamer schreiben. Seine *6-Minuten-Journals*® haben sich mittlerweile millionenfach verkauft und wurden in 21 Sprachen übersetzt. Dominik lebt mit Frau und Sohn in Berlin. Instagram: @dominikspenst

Dominik Spenst

Das 6-MINUTEN TAGEBUCH pur

6 Minuten, die dein Leben verändern

Rowohlt Taschenbuch Verlag

7. Auflage Januar 2026
Veröffentlicht im Rowohlt Taschenbuch Verlag,
Rowohlt Verlag GmbH, Kirchenallee 19,
20099 Hamburg, November 2020
«Das 6-Minuten-Tagebuch pur» erschien
zuerst im 6-Minuten-Verlag

Umschlagabbildung Dominik Spenst
Typografie Farnschläder & Mahlstedt, Hamburg
Schriften Foundry Wilson und Today
Druck und Bindung Mohn Media GmbH, Gütersloh
ISBN 978-3-499-00547-3

Kontaktadresse nach EU-Produktsicherheitsverordnung:
produktsicherheit@rowohlt.de

FSC www.fsc.org MIX Papier | Fördert gute Waldnutzung FSC® C011124

Inhalt

Wenn Menschen ihre
innere Einstellung ändern,
können sie auch
die äußeren Umstände
ihres Lebens ändern.

William James

Das «Pur»

... und was es damit auf sich hat.

Nach zahlreichen Anfragen zu einem Nachfolger des *6-Minuten-Tagebuchs* haben wir diese pure Version für dich kreiert. Das *Pur* ist das perfekte Werkzeug, um die Routine des 6-Minuten-Tagebuchs weiterzuführen – aber auch, um eine neue Routine zu starten. Um dir den Startschuss mit deinem Wegbegleiter so einfach wie möglich zu machen, findest du auch im *Pur* bewährte Tipps zum Dranbleiben und zur optimalen Nutzung.

Darüber hinaus enthält diese Ausgabe eine neue wöchentliche Routine, die aus einer Wochenreflexion und einer Wochenplanung besteht. Anstatt deinen Terminkalender oder deine To-do-Liste zu ersetzen, soll die neue Routine vielmehr die richtigen Denkprozesse anstoßen, um dich mit den folgenden zwei fundamentalen Fragen zu beschäftigen: Was macht dich glücklich (Wochenreflexion)? Und wie kannst du mehr davon in dein Leben holen (Wochenplanung)? Nur wenn du regelmäßig in dich hineinhorchst und deiner inneren Stimme lauschst, kannst du dir Ziele setzen, die wirklich zu dir passen und dich erfüllen. Kontinuierliche Selbstreflexion ist also essenziell für eine Zukunftsplanung, die mit deinen authentischen Zielen harmoniert – eine Planung, die sich nicht nach den Erwartungen anderer richtet, sondern eine selbstbestimmte Planung, die mit deinen ganz eigenen Prioritäten und Werten übereinstimmt. Mit der neuen Wochenroutine kannst du Reflexion und authentische Zukunftsplanung von nun an regelmäßig miteinander verknüpfen.

Wir vergessen oft, dass die Schrauben für unser Glück niemals festgedreht sind. Wir verändern uns täglich – ja sogar stündlich – und müssen unsere Glücksschrauben daher stetig drehen und nachjustieren. Drehe also weiterhin proaktiv an deinen Glücksschrauben. Konzentriere dich auch in Zukunft auf deine Fortschritte und das Gute in dir und um dich herum. Gehe weiterhin stressfreier und achtsamer durch deinen Alltag.

Wir machen Journaling

... zum neuen Jogging!

Noch vor 50 Jahren wurde man belächelt, wenn man ohne Ziel durch den Park joggte oder Gewichte stemmte. Heute weiß jeder, wie wichtig körperliche Aktivität ist. Aktuelle Studien zeigen, dass es in den nächsten Jahren unabdingbar sein wird, regelmäßig «etwas» für die mentale Gesundheit zu tun. Passend dazu prognostiziert die Weltgesundheitsorganisation (WHO), dass Depressionen – noch vor Krebs, Diabetes und Herz-Kreislauf-Erkrankungen – im Jahr 2030 die weltweit häufigste Volkskrankheit sein werden. Mit unseren *6-Minuten-Journals*® tragen wir dazu bei, dass Training und Routinen für die mentale Fitness genauso selbstverständlich werden wie regelmäßige Bewegung für die körperliche Fitness.

Auf den Geist muss man schauen. Denn was nützt ein schöner Körper, wenn in ihm nicht eine schöne Seele wohnt.
Euripides

Deshalb spezialisieren wir uns auf wissenschaftlich fundierte und einfach anwendbare Journaling-Routinen, die langfristig dein Leben verändern können. Und damit machen wir Journaling zum neuen Jogging! Also schmeiß dich in deine mentalen Jogginklamotten – und los geht's mit der täglichen Extraportion Fitness für deine mentale Gesundheit. Es funktioniert übrigens auch gemütlich im Bett oder auf der Couch.

Die Wissenschaft bestätigt

... das Buch in deiner Hand wirkt.

Das *6-Minuten-Tagebuch* wird mittlerweile von Millionen Menschen in mehr als 20 Sprachen benutzt. Aber welche Effekte hat die tägliche Nutzung wirklich auf die mentale Gesundheit und das persönliche Wohlbefinden? Um diese Frage zu beantworten, hat das Psychologie Department der Medical School of Berlin eine wissenschaftliche Studie durchgeführt. In dieser Studie mit etwa 160 Teilnehmenden wurde *Das 6-Minuten-Tagebuch* einen Monat lang zweimal täglich ausgefüllt. Vor Beginn der Studie, nach zwei sowie nach vier Wochen wurden alle Teilnehmenden zu ihrem wahrgenommenen Stress, positiven und negativen Emotionen, ihrer Selbstwirksamkeit und Resilienz befragt. Die Ergebnisse waren klar messbar:

Bereits nach zwei Wochen führte das Tagebuch bei den Teilnehmenden zu messbar weniger negativen Emotionen und weniger Stress. Nach vier Wochen verbesserten sich sowohl die Resilienz als auch die Selbstwirksamkeit. Die Selbstwirksamkeit beschreibt in der Psychologie die Überzeugung einer Person, auch schwierige Situationen aus eigener Kraft bewältigen zu können. Darüber hinaus konnte nach vier Wochen ein noch stärkerer Rückgang der negativen Emotionen als auch des subjektiven Stressempfindens gemessen werden. Die Studie wurde im renommierten «Frontiers in Psychology»-Journal veröffentlicht und wenn du sie genauer durchlesen möchtest, findest du sie im Literaturverzeichnis.[1] Nach etwa 6 Jahren der Entwicklung und Optimierung können wir nun also sagen: Das *6-Minuten-Tagebuch* ist das erste Journaling-Tool mit einer wissenschaftlich bestätigten Wirksamkeit.

Also: Atme Erfüllung ein und Zweifel aus! Fokussiere dich auf das Gute in dir – und um dich herum. Geh stressfreier, resilienter und positiver durch dein Leben.

Dieses Tagebuch

... ist das, was du daraus machst.

Es spricht also vieles dafür, dass diese 420 g Papier in deinen Händen wirklich dein Leben verändern können. Allerdings ist *Das 6-Minuten-Tagebuch* ohne dein Zutun tatsächlich nicht mehr als 420 g Papier mit Leinen. Erst durch deine Hände kann es seine volle Wirkung entfalten. Durch deine Antworten – und die wertvollen Momente, die du auf der Suche danach erlebst – stößt du die große Veränderung in dir selbst an.

Das gute Gelingen ist zwar nichts Kleines, fängt aber mit Kleinigkeiten an.
Sokrates

Das 6-Minuten-Prinzip®: Kleiner Aufwand, große Wirkung

Aktuelle Studien zeigen: Immer mehr Menschen WISSEN, was sie tun können, um gelassener, gesünder und glücklicher zu leben, aber immer weniger TUN es auch wirklich. Mit Tausenden Büchern, Apps, Posts und Podcasts mangelt es nicht an Ideen, sondern an der Umsetzung.

Deshalb spezialisieren mein Team und ich uns seit Jahren auf eine Sache: wissenschaftlich fundierte *6-Minuten-Journals®*, mit denen du – ohne Kampf und Krampf – konstant ins TUN kommst! Ganz egal, welchen Lebensbereich du verändern möchtest: Mit dem *6-Minuten-Prinzip®* erreichst du – Schritt für Schritt – das, was du dir vornimmst. 6 Minuten, die dein Leben verändern.

Warte bitte nicht …

… auf deine Motivation, sondern starte einfach.

Wie oft hast du dir schon gedacht: «Ach, ich bin gerade einfach nicht motiviert genug»? Die Idee, dass wir ein bestimmtes Maß an Motivation oder Inspiration benötigen, um ins Tun zu kommen, ist tief in unserer Gesellschaft verwurzelt. Wir denken typischerweise, dass Motivation in etwa so funktioniert:

Erst Motivation ⟶ Dann gewünschte Handlung

Studien konnten jedoch zeigen, dass Motivation oft erst dann entsteht, wenn wir ins Tun gekommen sind – und nicht davor![2] Dabei spielt es keine Rolle, wie groß oder klein die Handlung war. Das Gefühl des Erfolgs erzeugt Schwungkraft und deshalb ist Motivation oftmals das Ergebnis unserer Handlungen und nicht deren Auslöser, also:

Erst gewünschte (noch so kleine) Handlung ⟶ Dann Motivation

Und genau aus diesem Grund sind Schritte, die so klein sind, dass du sie im Hier und Jetzt gehen kannst, das Herzstück des *6-Minuten-Prinzips®*. Es geht weniger um die exakte Minutenanzahl, und vielmehr darum, dass du wirklich konstant ins Tun kommst – und so immer wieder deine eigene Motivation für mehr positive Veränderungen in deinem Leben erzeugst. Der schwerste Moment, um ins Tun zu kommen, ist im Regelfall der Anfang. Denn für jedes Vorhaben verbraucht der Wechsel von Stillstand zu Bewegung, von Trägheit zu Tätigkeit, die meiste Energie. Das gilt genauso für den Start eines Flugzeugs wie für das Anfahren mit dem Fahrrad, das Aufstehen von deiner Couch oder deine ersten Worte im *6-Minuten-Tagebuch*.

Schummelseite

... ein kurzer Überblick, wie du das 6-Minuten-Tagebuch am besten nutzen kannst.

Morgenroutine

1 **Morgendliche Dankbarkeit**
Schreibe drei Dinge auf, für die du dankbar bist, oder eine Sache, für die du dankbar bist, mit drei Gründen dafür.

2 **Wie du ein gutes Leben kreierst**
Richte deinen Fokus auf die Möglichkeiten und Chancen des Tages. Welche Ziele hast du? Mit welchen konkreten Handlungen bewegst du dich heute in die richtige Richtung?

3 **Positive Selbstbekräftigung** (S. 19)
Zeichne das Bild, das du für den heutigen Tag oder für die Zukunft von dir siehst. Definiere dich als die Person, die du sein möchtest.

Abendroutine

4 **Was habe ich heute Gutes für einen anderen Menschen getan**
Jeder noch so kleine Akt kann jemandem eine Freude bereiten. Anderen etwas Gutes zu tun, macht wiederum dich selbst nachhaltig glücklich.

5 **Persönliche Weiterentwicklung**
Du willst stetig wachsen und dich weiterentwickeln? Was hast du heute gelernt?

6 **Glücksmomente deines Tages**
Jeder Tag ist voller kleiner Glücks- und Erfolgsmomente. Begegne ihnen mit offenem Blick, fang sie ein und halte sie fest.

Wochen- und Monatsroutine

Deine wöchentliche Herausforderung (S. 68-69)
Hier verlässt du deine Komfortzone, um dir oder anderen etwas Gutes zu tun.

Monatliche 6 Fragen (S. 74–76)
Viele dieser Fragen hast du dir wahrscheinlich noch nie im Leben gestellt. Sie sind entweder spannend, aufregend, tiefgründig, ungewöhnlich, interessant, unterhaltsam, inspirierend oder ein Mix aus alldem.

Mo Di Mi Do Fr Sa So 24. 12. 2024

Beispielseite
... wie deine 6-Minuten-Routine aussehen könnte.

1 Ich bin dankbar für ...

1. *den super erholsamen Schlaf, den ich heute hatte.*
2. *den Geruch von frisch aufgebrühtem Kaffee.*
3. *meine Familie, die immer für mich da ist.*

2 So sorge ich für einen guten Tag ...

Ich arbeite 1 Std. an meinem Projekt, weil ich mich produktiv und selbstbestimmt fühlen möchte.
Ich möchte mich attraktiv und ausgeglichen fühlen, also gehe ich ins Fitnessstudio.
Abends leckere Spinat-Lasagne zubereiten.

3 Positive Selbstbekräftigung

Ich begegne allen Herausforderungen mit Geduld & Ruhe.

Zitat des Tages
oder
Herausforderung der Woche

4 Was habe ich heute Gutes für jemanden / für mich getan?

Ich hatte ein offenes Ohr für eine Kollegin. Ich habe dem Verkäufer bei Saturn für die freundliche Beratung gedankt.

5 Was habe ich heute gelernt?

Wenn ich morgens spazieren gehe, bin ich viel entspannter.

5 Tolle Dinge, die ich heute erlebt habe ...

1. *Feedback konstruktiv umgesetzt, anstatt an mir selbst zu zweifeln*
2. *Guter Laune durch den Regen gelaufen*
3. *Geselliges Abendessen mit selbstgemachter Lasagne :)*

Manche Tipps

... werden niemals alt.

Du kommst manchmal nicht weiter, findest nicht die «passenden» Antworten oder hast das Gefühl, deine Einträge wiederholen sich? Basierend auf dem Feedback unserer Nutzer als auch auf unseren eigenen Erfahrungen, lassen sich die meisten Fragen zur Tagesroutine mit einigen wenigen Tipps beantworten. Da du das klassische *6-Minuten-Tagebuch* nicht immer zur Hand haben wirst, haben wir diese Tipps noch mal aufgegriffen und sie innerhalb der ersten 50 Seiten als Impulse eingebaut.

Geh ins Detail und fühle, was du schreibst

Da die Struktur der Tagebucheinträge sich nicht jeden Tag verändert, kann es passieren, dass die Einträge sich wiederholen. Das ist per se nicht schlecht. Manchmal – zum Beispiel bei der positiven Selbstbekräftigung – kann das sogar sehr sinnvoll sein. In bestimmten Fällen ist es aber auch unzweckmäßig, sich oft zu wiederholen. Was kannst du tun, um nicht jeden Tag dieselben Dinge aufzuschreiben? Die Lösung ist simpel: Geh ins Detail! Und hab Spaß dabei!

Bei deinen täglichen Einträgen ist wichtiger, was du beim Schreiben durchlebst und empfindest, als was genau du inhaltlich schreibst. An Dinge zu denken, für die man dankbar ist, geht normalerweise recht zügig. Bis man das Gefühl spürt, das man damit verbindet, dauert es aber gewöhnlich ein paar Sekunden länger. Passend dazu zeigte der renommierte Neuropsychologe Dr. Rick Hanson, dass negative Erfahrungen direkt in das Langzeitgedächtnis wandern, während positive Erfahrungen für etwa zehn Sekunden im Bewusstsein gehalten werden müssen, um den Übergang vom Kurzzeit- ins Langzeitgedächtnis zu schaffen.[3] Indem du also ein paar extra Sekunden in deinem Gefühl verharrst, sorgst du dafür, dass sich ein vorübergehender Geisteszustand in eine anhaltende neuronale Struktur verwandelt. Nimm dir diese Sekunden und warte auf die Emotion (die Freude, das Erstaunen, das Entzücken ...), bevor du den Stift ansetzt. Das kann einen großen Unterschied machen!

Denk an einen Roman, der dich packt. Gute Autoren beschreiben Geschehnisse typischerweise nicht ganz allgemein, sondern im Detail. Sie schreiben nicht einfach «Sie erblickte ihn», sondern eher «Als ihre Blicke aufeinandertrafen, überlief sie eine Gänsehaut und obwohl sich ihre Lippen nicht berührten, fühlte es sich an, als würde sie ihn durch ihren Atem küssen.» Das Beispiel ist natürlich überspitzt, aber es ist klar, was hier der Punkt ist: Emotion verbirgt sich im Detail, und je detaillierter du bei deiner Beschreibung wirst, desto einfacher ist es, diese Emotionen zu empfinden.

Willst du dich am Ganzen erquicken, so musst du das Ganze im Kleinsten erblicken.
J. W. von Goethe

Wenn du gestern geschrieben hast «Ich bin dankbar dafür, dass ich Daniel an meiner Seite habe», dann kannst du heute schreiben «Ich bin dankbar dafür, dass Daniel immer schnell neue Leute kennen lernt und mich ihnen vorstellt», oder «Ich bin dankbar dafür, dass Daniel mich immer anlächelt, wenn wir bei anderen zu Besuch sind». Dasselbe gilt auch für die anderen Sektionen des Tagebuchs, vor allem für die tollen Dinge, die du heute erlebt hast. Was machst du hier, wenn dein Tag alles andere als toll war? – Richtig. Die Lösung liegt im Detail. Fokussiere dich auf die ganz kleinen Dinge, auf die Lichtblicke des Tages. Lass deinen Tag von dem Moment, als du aufgestanden bist, Revue passieren und betrachte ihn mit der Einstellung, dass die Dinge auch viel schlimmer sein könnten. Dann werden dir Dinge einfallen wie «Mein Lieblingslied von den Backstreet Boys kam im Radio» oder «Die abgesagte Besprechung verschafft mir mehr Zeit zur Vorbereitung». Auch Dinge wie «Die Avocados waren bei meinem Einkauf im Angebot» oder «Das leckere Hähnchen aus der Mittagspause». Kleine, aber feine Dinge.

Für die Erfolge von morgen kann man nicht früh genug vorsorgen.
Cicero

Werde konkret und versuche zu fühlen, was du schreibst. Die Eintragungen sollen dir Spaß machen. Je tiefer du hierbei in dich gehst, desto stärker und nachhaltiger werden auch die Resultate für dich sein. Und je mehr du das übst, desto einfacher und schneller läuft dieser Prozess bei dir ab.

Vorsorge ist besser als Nachsorge.

Da du auch nur ein Mensch bist, kann es durchaus passieren, dass du das Tagebuch mal ein paar Tage lang nicht nutzt. Wenn das nicht passiert: super! Falls doch, empfiehlt es sich, die Finger vom Alles-oder-nichts-Ansatz zu lassen, da dieser oftmals keinen Fortschritt produziert und ein schlechtes Gewissen nach sich zieht.

Statt dich schlecht zu fühlen, kannst du dir zum Beispiel erlauben, nur deine Lieblingsfragen zu beantworten oder die Einträge pro Frage zu reduzieren. Gestatte dir, etwas weniger zu tun, um danach wieder zu deiner üblichen 6-Minuten-Routine zurückzufinden.

Die positive Selbstbekräftigung

... vom Unterbewusstsein in dein Leben.

Dieser Teil der Morgenroutine ist nicht so selbsterklärend wie die anderen. Da 95 % deiner Entscheidungen dem Unterbewusstsein entspringen, haben die dort aktiven Glaubenssätze und Emotionen einen enormen Einfluss auf deine Realität (siehe Grafik S. 22).[4] Dein Unterbewusstsein ist ein unermüdliches Arbeitstier – Tag und Nacht aktiv –, und der Hauptzweck der positiven Selbstbekräftigung ist es, diesen Workaholic zu deinem Vorteil zu nutzen. Ziel ist es, die Grenzen des Möglichen für dich auszureizen und dein Unterbewusstsein darauf zu programmieren. Mit Hilfe von Gehirnscans konnten verschiedene Studien zeigen, dass diese Methode bei richtiger Nutzung ein sehr effektives Werkzeug ist, um graduelle Veränderungen von innen heraus voranzutreiben.[5] Bei der Formulierung deiner Selbstbekräftigung kannst du aus zwei verschiedenen Ansätzen denjenigen wählen, der für dich am besten passt. Wähle einen Ansatz und bleibe erst mal dabei.

1. **Hammer-Ansatz:** Du wählst eine positive Selbstbekräftigung, die du unbedingt in dein Leben integrieren willst, und schreibst sie jeden Tag aufs Neue auf. Je öfter du das tust, desto mehr verinnerlichst du den Glauben daran in dir. Du hämmerst dir die positive Selbstbekräftigung sozusagen so lange ein, bis du die Vorteile davon bewusst erlebst und sie

Durch Wiederholung führen Bekräftigungen zum Glauben. Und erst, wenn aus dem Glauben tiefe Überzeugung wird, werden Dinge in die Tat umgesetzt.

Claude M. Bristol

somit Teil deines Lebens wird. Beispielsweise: «Ich liebe mich und übe deshalb einen Beruf aus, der mich wirklich erfüllt und mir Freude bereitet», oder «Ich vertraue auf meine Fähigkeiten und entwickle mich jeden Tag ein Stück weiter». Du kannst aber auch spezifischer werden: «Ich verdiene 100 000 Euro im Jahr», «Ich verliere Tag für Tag Gewicht, bis ich mein Idealgewicht von 65 kg erreicht habe» oder «Ich führe eine liebevolle und leidenschaftliche Beziehung».

Jim Carreys Hammer-Ansatz

Jim Carrey ging so weit, dass er sich selbst einen Scheck mit dem Verwendungszweck «für erbrachte Schauspieldienste» über einen Wert von zehn Millionen Dollar ausstellte. Darüber hinaus schrieb er sich jeden Tag Folgendes auf: «Ich bin wirklich ein guter Schauspieler. Jeder will mit mir arbeiten, und ich habe viele tolle Filmangebote.» Zu diesem Zeitpunkt war Carrey arbeitslos und hatte noch nie in seinem Leben einen Cent für seine Schauspielerei erhalten. Den Scheck schaute er sich immer wieder an und bewahrte ihn so lange in seinem Portemonnaie auf, bis er diese Summe tatsächlich Jahre später mit einer Rolle verdiente. Das ist bei weitem kein Einzelfall. Die Anwendung dieser Methode hat sich bereits für viele andere erfolgreiche Persönlichkeiten wie Muhammad Ali, Bruce Lee, Arnold Schwarzenegger, Will Smith, Tim Ferriss, Tony Robbins, Sheryl Sandberg oder Oprah Winfrey als äußerst effektiv erwiesen.

2. **Kolibri-Ansatz:** Hier ist deine Selbstbekräftigung vom heutigen Gefühl oder deinen Plänen für den Tag abhängig. Du legst sie also täglich aufs Neue fest. Musst du zum Beispiel eine Präsentation halten, kannst du schreiben: «Ich bin kompetent und redegewandt und halte heute einen interessanten Vortrag.» Arbeitest du gerade an einem neuen Projekt, kannst du schreiben: «Ich freue mich, Neues auf der Arbeit zu lernen, und nehme die Herausforderung täglich an.»

Dein Unterbewusstsein spricht nicht in Worten, sondern in Emotionen. Aus diesem Grund ist dein Gefühl beim Schreiben der Maßstab für die

Qualität deiner Selbstbekräftigung. Was du hier schreibst, solltest du auch fühlen! Schließe nach dem Schreiben kurz deine Augen und stell dir die passenden Fragen:

1. Fühlst du dich schlechter? Dann hast du dir wahrscheinlich mehr vorgenommen, als in deinen Möglichkeiten liegt.
2. Glaubst du, was du geschrieben hast? Fühlst du dich besser?
   Bist du motiviert? Wenn ja, dann bist du auf dem richtigen Pfad.
   Du bist im Bereich deines Wachstumspotenzials.
3. Fühlst du dich neutral? Dann denkst du wahrscheinlich nicht groß genug.

Ein Beispiel: Sofia liebt Designen und Gestalten, ist 35 Jahre alt und arbeitet in einem Start-up, das seit zwei Jahren Schuhe aus umweltfreundlichen Materialien mit innovativem Design verkauft. Die Designabteilung besteht aus zehn Mitarbeitern, und bis Ende des Jahres soll jemand den Leitungsposten übernehmen. Das könnten entsprechende Selbstbekräftigungen sein:

1. «Ich werde in diesem Jahr die Geschäftsleitung übernehmen, weil ich meinen Job liebe und absolut von meinen Fähigkeiten überzeugt bin.»
2. «Ich bin fest entschlossen, in diesem Jahr die Leitung der Designabteilung zu übernehmen, da ich bestens geeignet bin und es mich erfüllt, tolle Schuhe zu entwerfen.»
3. «Ich bin zufrieden damit, schöne und umweltfreundliche Schuhe an den Mann und die Frau zu bringen und lasse die Dinge auf mich zukommen.»

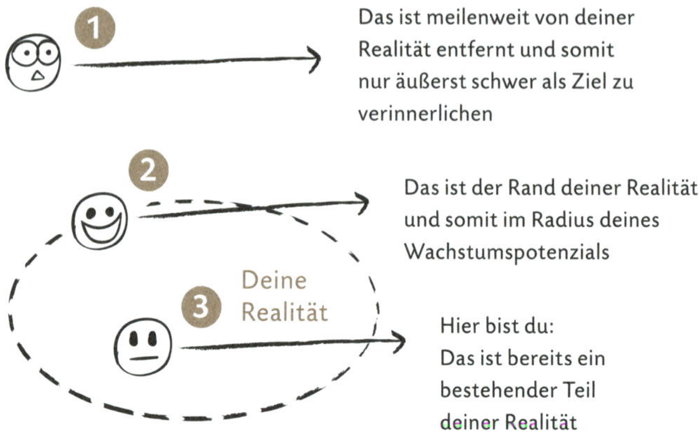

Wichtig ist, dass deine Selbstbekräftigung auch wirklich positiv sein sollte. Sagen wir, du schreibst «Ich werde keine Chips mehr essen». Was macht dein Gehirn daraus? Es denkt an Chips, weil es keine Verneinung kennt. Oder das klassische Beispiel: Egal was du jetzt tust, denke nicht an einen pinkfarbenen Elefanten, der einen blauen Regenschirm in seinem Rüssel trägt! Und wie sah der Elefant aus, den du dir gerade vorgestellt hast? Ziemlich pink, oder? Negative Formulierungen oder Verneinungen sind hier also fehl am Platz, da sie nicht von deinem Unterbewusstsein registriert werden.[6] Ebenso wichtig ist es, die Selbstbekräftigung möglichst individuell zu formulieren. Allgemeingültige Aussagen wie «Ich liebe mich» sind weniger zweckmäßig als auf dein Leben maßgeschneiderte Formulierungen wie «Ich bin emotional stabil und bewahre auch in Stresssituationen die Fassung». Es ist empfehlenswert, die Selbstbekräftigungen mit einem aktiven Bestandteil wie «Ich bin», «Ich kontrolliere» oder «Ich habe» zu beginnen, da das Unterbewusstsein deine Zielsetzungen so sofort verarbeiten kann.

Stelle jetzt schon sicher

... dass du am Ball bleibst.

Die Aufteilung auf drei Minuten am Morgen und drei am Abend reduziert die Hemmschwelle zum Schreiben drastisch. Trotzdem besteht das Restrisiko, dass das Tagebuch als Schrankdeko endet. Nimm dir jetzt ein paar Minuten, um auch dieses kleine Risiko aus dem Weg zu räumen.

Was könnte dich davon abhalten, das Tagebuch täglich morgens und abends zu nutzen?

1. ....

....

2. ....

....

3. ....

....

Schreib dir jeweils konkrete Maßnahmen auf, mit denen du genau diese Hürden überwinden wirst:

1. ....

....

2. ....

....

3. ....

....

Zum Beispiel kann eine visuelle Erinnerung sehr wirksam sein. Vielleicht nutzt du dafür den Gewohnheits-Tracker (S. 69) oder machst täglich ein Häkchen in deinem Kalender, wenn du das Tagebuch genutzt hast. Ebenso kannst du eine der vielen nützlichen Apps zu Hilfe nehmen, um die tägliche Nutzung sicherzustellen. Falls du ein iPhone hast, sind beispielsweise Habit List oder Strides empfehlenswert. Für Android-Handys bieten sich etwa Habit Bull oder Loop Habit Tracker an.

Fürs Erste genug der Theorie: Mit diesen Tipps im Gepäck bist du bestens gerüstet, um deine Reise anzutreten. Schwing den Stift. Schreib dich glücklich ®.

Das Tagebuch

... jetzt bist du gefragt, endlich kann's losgehen!

Bevor es losgeht: Bewerte die folgenden Bereiche deines Lebens. Zeichne zusätzlich rechts neben der Skala einen Pfeil, um zu zeigen, ob sich der Bereich verbessert oder verschlechtert. Diese Bewertung führst du alle vier Wochen durch. 1 ist hier das Schlechteste und 10 das Bestmögliche.

Beispiel:

Dankbarkeit	1	2	3	4	5	6	(7)	8	9	10	→

Dein Monats-Check

Gesamtstimmung	1	2	3	4	5	6	7	8	9	10
Dankbarkeit	1	2	3	4	5	6	7	8	9	10
Achtsamkeit	1	2	3	4	5	6	7	8	9	10
Familie	1	2	3	4	5	6	7	8	9	10
Freunde	1	2	3	4	5	6	7	8	9	10
Partnerschaft	1	2	3	4	5	6	7	8	9	10
Spaß	1	2	3	4	5	6	7	8	9	10
Ruhe & Gelassenheit	1	2	3	4	5	6	7	8	9	10
Zeit für dich	1	2	3	4	5	6	7	8	9	10
Gesund essen	1	2	3	4	5	6	7	8	9	10
Wasser trinken	1	2	3	4	5	6	7	8	9	10
Sport	1	2	3	4	5	6	7	8	9	10
Nach draußen gehen	1	2	3	4	5	6	7	8	9	10
Gesundheit	1	2	3	4	5	6	7	8	9	10
Kreativität	1	2	3	4	5	6	7	8	9	10
Finanzen	1	2	3	4	5	6	7	8	9	10
Arbeit & Ausbildungen	1	2	3	4	5	6	7	8	9	10
Gedanken & Emotionen	1	2	3	4	5	6	7	8	9	10
Die Gegenwart	1	2	3	4	5	6	7	8	9	10
Die Zukunft	1	2	3	4	5	6	7	8	9	10

Egal, was du in deinem Leben verändern möchtest: Gute Gewohnheiten, die du in kleinen, realistischen Schritten aufbaust, sind der beste Weg, um diese Änderungen langfristig zum festen Bestandteil deines Lebens zu machen. Nun kannst du die allmächtige Macht der Gewohnheit zu deinen Gunsten nutzen. Welche positive Gewohnheit möchtest du aufbauen? – Alle zwei Tage zum Sport, keine Zigaretten rauchen, täglich 20 Minuten lesen oder auch jeden Tag drei High Fives verteilen … Egal, ob du neue Gewohnheiten in dein Leben holen oder bereits vorhandene nachverfolgen möchtest, der Gewohnheits-Tracker hilft dir dabei.

PS: Für Hochmotivierte, die gleich den schwarzen Gürtel im «Gewohnheiten ändern» erlangen möchten: Auf unserer Website urbestself.de findest du zwei Blog-Beiträge mit fundierten und leicht umsetzbaren Tipps, um gute Gewohnheiten sicher aufzubauen und schlechte endgültig loszuwerden.

> Wir sind das, was wir wiederholt tun. Daher ist Vortrefflichkeit keine Handlung, sondern eine Gewohnheit.
> *Aristoteles*

Gewohnheit	M	D	M	D	F	S	S
ab 21.00 Uhr Flugmodus	X	O	X	X	O	O	O
10 Minuten meditieren	X	X	X	X	X	X	O

DEIN GEWOHNHEITS-TRACKER

Gewohnheit	M	D	M	D	F	S	S
....	O	O	O	O	O	O	O
....	O	O	O	O	O	O	O
....	O	O	O	O	O	O	O

Mo Di Mi Do Fr Sa So ....

Ich bin dankbar für ...

1. ....
2. ....
3. ....

So sorge ich für einen guten Tag ...

....
....
....
....
....

Positive Selbstbekräftigung

....
....

Wöchentliche Herausforderung

Schreibe dir selbst unter www.zukunftsmail.com eine Mail, die du in sechs Monaten – also nach Vollendung dieses Tagebuches – automatisch empfangen wirst. Halte darin fest, wo du dich und dein Leben zu diesem Zeitpunkt siehst.

Was habe ich heute Gutes für jemanden / für mich getan?

....
....

Was habe ich heute gelernt?

....
....

Tolle Dinge, die ich heute erlebt habe ...

1. ....
2. ....
3. ....

Mo Di Mi Do Fr Sa So ....

Ich bin dankbar für ...

1. ....
2. ....
3. ....

So sorge ich für einen guten Tag ...

Positive Selbstbekräftigung

Achte auf deine Gedanken –
sie sind der Anfang deiner Taten.
Buddha

Was habe ich heute Gutes für jemanden / für mich getan?

Was habe ich heute gelernt?

Tolle Dinge, die ich heute erlebt habe ...

1. ....
2. ....
3. ....

Mo Di Mi Do Fr Sa So ....

Ich bin dankbar für ...

1. ....

2. ....

3. ....

So sorge ich für einen guten Tag ...

....

....

....

....

....

Positive Selbstbekräftigung

....

....

Leben heißt nicht fragen.
Leben ist Antwort durch Leben und Tat.

Bernhard von Clairvaux

Was habe ich heute Gutes für jemanden / für mich getan?

....

....

Was habe ich heute gelernt?

....

....

Tolle Dinge, die ich heute erlebt habe ...

1. ....

2. ....

3. ....

Mo Di Mi Do Fr Sa So ....

Ich bin dankbar für ...

1. ....
2. ....
3. ....

So sorge ich für einen guten Tag ...

....

....

....

....

....

Positive Selbstbekräftigung

....

....

Alle Schwierigkeiten und Hindernisse sind Stufen,
auf denen wir in die Höhe steigen.
Friedrich Nietzsche

Was habe ich heute Gutes für jemanden / für mich getan?

....

....

Was habe ich heute gelernt?

....

....

Tolle Dinge, die ich heute erlebt habe ...

1. ....
2. ....
3. ....

Mo Di Mi Do Fr Sa So ....

Ich bin dankbar für ...

1.

2.

3.

So sorge ich für einen guten Tag ...

Positive Selbstbekräftigung

Sagen, was man denkt, ist manchmal die größte Torheit
und manchmal die größte Kunst.

Marie von Ebner-Eschenbach

Was habe ich heute Gutes für jemanden / für mich getan?

Was habe ich heute gelernt?

Tolle Dinge, die ich heute erlebt habe ...

1.

2.

3.

Mo Di Mi Do Fr Sa So ....

Ich bin dankbar für ...

1. ....
2. ....
3. ....

So sorge ich für einen guten Tag ...

....

....

....

....

....

Positive Selbstbekräftigung

....

....

Geniale Menschen beginnen große Werke,
fleißige Menschen vollenden sie.

Leonardo da Vinci

Was habe ich heute Gutes für jemanden / für mich getan?

....

....

Was habe ich heute gelernt?

....

....

Tolle Dinge, die ich heute erlebt habe ...

1. ....
2. ....
3. ....

Mo Di Mi Do Fr Sa So ....

Ich bin dankbar für ...

1. ....
2. ....
3. ....

So sorge ich für einen guten Tag ...

....

....

....

....

....

Positive Selbstbekräftigung

....

....

Freiheit ist immer
Freiheit des anders Denkenden.

Rosa Luxemburg

Was habe ich heute Gutes für jemanden / für mich getan?

....

....

Was habe ich heute gelernt?

....

....

Tolle Dinge, die ich heute erlebt habe ...

1. ....
2. ....
3. ....

WOCHENREFLEXION

Meine Highlights & Erfolge der Woche:

Auf einer Skala von 1–10, wie glücklich war ich diese Woche und warum?

1 2 3 4 5 6 7 8 9 10

WOCHENPLANUNG

So sorge ich für eine gute Woche:

Berufsleben:	Privatleben:

Darauf freue ich mich:

1.
2.
3.

NOTIZEN & IDEEN

DEIN GEWOHNHEITS-TRACKER

Gewohnheit	M	D	M	D	F	S	S
	O	O	O	O	O	O	O
	O	O	O	O	O	O	O
	O	O	O	O	O	O	O

Mo Di Mi Do Fr Sa So ....

Ich bin dankbar für ...

1. ....
2. ....
3. ....

So sorge ich für einen guten Tag ...

....
....
....
....
....

Positive Selbstbekräftigung

....
....

Wöchentliche Herausforderung

Warum brauchst du immer einen bestimmten Anlass, um eine Postkarte an deine Lieben zu schicken? Sende jemandem eine schöne Karte. Einfach so. Der Inhalt ist gar nicht so wichtig – Hauptsache, der Empfänger weiß, dass du an ihn denkst.

Was habe ich heute Gutes für jemanden / für mich getan?

....
....

Was habe ich heute gelernt?

....
....

Tolle Dinge, die ich heute erlebt habe ...

1. ....
2. ....
3. ....

Mo Di Mi Do Fr Sa So ....

Ich bin dankbar für ...

1. ....
2. ....
3. ....

So sorge ich für einen guten Tag ...

Positive Selbstbekräftigung

Das Ziel eines Konflikts oder einer Auseinandersetzung
soll nicht der Sieg, sondern der Fortschritt sein.

Joseph Joubert

Was habe ich heute Gutes für jemanden / für mich getan?

Was habe ich heute gelernt?

Tolle Dinge, die ich heute erlebt habe ...

1. ....
2. ....
3. ....

Mo Di Mi Do Fr Sa So ....

Ich bin dankbar für ...

1. ....
2. ....
3. ....

So sorge ich für einen guten Tag ...

....
....
....
....
....

Positive Selbstbekräftigung

....
....

Misserfolg ist lediglich eine Gelegenheit,
mit neuen Ansichten noch einmal anzufangen.
Henry Ford

Was habe ich heute Gutes für jemanden / für mich getan?

....
....

Was habe ich heute gelernt?

....
....

Tolle Dinge, die ich heute erlebt habe ...

1. ....
2. ....
3. ....

Kleine Impulse

... mit großer Wirkung.

Suche dir einen festen Ort für das Tagebuch

Um das *6-Minuten-Tagebuch* konsequent täglich zu nutzen, ist eine der wichtigsten Entscheidungen, wo du das Tagebuch und den Stift, den du dafür benutzt, verstauen willst. Das mag simpel klingen, ist aber von großer Bedeutung. Such dir idealerweise einen Platz aus, wo das Tagebuch morgens nach dem Aufstehen und nachts vorm Schlafen für dich sichtbar ist. Für manche wird es am besten sein, das Buch nach dem Aufwachen in Reichweite des Bettes liegen zu haben, zum Beispiel in der Nachttischschublade. Für andere ist es sinnvoller, wenn es direkt neben der Zahnbürste, der Handtasche oder dem Rucksack liegt. Empfehlenswert ist auch, das Tagebuch mit einem festen Ritual, wie dem morgendlichen Kaffee oder Tee, zu kombinieren. Finde deinen eigenen Weg zum Ziel. Wichtig ist: Such dir den Ort für das Tagebuch genau jetzt und nicht erst morgen oder übermorgen. Du wirst dich wundern, wie effektiv diese kleine Eselsbrücke ist.

Es gibt einen Ernst für alle;
aber nur einen Humor für wenige.

Jean Paul

Teamwork makes the dream work

Such dir einen Verbündeten. Ben hat Jerry, Batman hatte Robin, Bert hatte Ernie und Bonnie ihren Clyde. Hol dir jemanden an Bord, der das gleiche oder ein ähnliches Ziel verfolgt wie du, eine Person, für die das *6-Minuten-Tagebuch* genauso wertvoll wie für dich sein kann. So eine Gemeinschaft mit dem gleichen Ziel vor Augen ist eine große Hilfe und kann ordentlich anspornen. Tauscht eure Erfahrungen miteinander aus, seid füreinander verantwortlich, helft und motiviert euch gegenseitig.

> Die besten Bücher sind die von denen jede Leser meint, er hätte sie selb machen könne
>
> *Blaise Pascal*

Auch wenn du alleine startest, können dir Freunde oder Familie behilflich sein. Erzähle einfach einigen Mitmenschen von deinem Vorhaben, das *6-Minuten-Tagebuch* täglich zu nutzen. So hältst du dich selbst verantwortlich und baust einen sanften positiven Druck auf, der äußerst hilfreich sein kann, um dranzubleiben.[7] Man will den anderen schließlich zeigen, dass man das Angekündigte auch schafft. Außerdem inspirierst du so auch andere dazu, ihre eigenen Ziele voranzutreiben.

Tob dich aus und bilde deine ganz eigenen Kategorien

Auch wenn du die besten Absichten hast, bei deinen Einträgen stets emotional involviert zu sein, ist eine Schreibblockade auf Dauer unvermeidbar. Entweder nimmst du dir dann etwas mehr Zeit, um zu fühlen, was du schreibst (jetzt denkst du vielleicht «Ich hab aber nicht alle Zeit der Welt und muss auch irgendwann los zur Arbeit!»), oder du versuchst mal diesen nicht so zeitintensiven Weg: Anstatt einfach nur aufzuschreiben, wofür du spontan dankbar bist, kannst du deine Dankbarkeit auch auf bestimmte Lebensbereiche richten. Bilde dir einfach deine ganz individuellen Kategorien, wie zum Beispiel:

1. Persönliche Beziehungen: Familie, Freunde, Partner, Eltern, Arbeitskollegen, Kunden, Katzen, Hunde, ...
2. Ereignisse: Etwas Tolles, das gestern (letzte Woche, letzten Monat, ...) passiert ist / eine Gelegenheit, die sich dir heute (morgen, nächste Woche, nächsten Monat, ...) bieten könnte.
3. Die Natur: Vogelgezwitscher, schöne Wolkenformationen, blühende Blumen, der Duft von frisch gemähtem Gras, der goldrote Sonnenuntergang, ...
4. Simple Dinge des Lebens: Die sanfte Berührung eines netten Menschen, das Lächeln eines Babys, deine neue Playlist, das kuschelige Gefühl von deinem Lieblingspullover, ...
5. Deine Gesundheit: Bewegung, Verdauung, Ernährung, Atmung, Spiritualität, Schlaf, ...

Konzentriere dich einen Tag lang auf deine Familie oder lege eine Woche lang dein Augenmerk auf deine Freunde. Ebenso kannst du den Schwerpunkt auf eine alte Beziehung in deinem Leben legen, die dir ganz besonders geholfen hat. Lass deiner Kreativität freien Lauf. Kreiere für eine Woche dein eigenes «Fitness-6-Minuten-Tagebuch» oder «Beziehungs-6-Minuten-Tagebuch».

Das 6-Minuten-Prinzip®

Sechsen über Sechsen: Interessiert dich, was genau es mit den 6 Minuten auf sich hat? Auf unserer Website 6minutenverlag.de findest du einen Blog-Beitrag mit acht Gründen, warum Das 6-Minuten-Prinzip® einer der spaßigsten und effektivsten Ansätze für langfristige positive Veränderungen ist.

Mo Di Mi Do Fr Sa So ....

Ich bin dankbar für ...

1. ....

2. ....

3. ....

So sorge ich für einen guten Tag ...

....

....

....

....

....

Positive Selbstbekräftigung

....

....

Wer einen Misserfolg nur als kleinen Umweg betrachtet,
verliert nie sein Ziel aus den Augen.
Martin Luther

Was habe ich heute Gutes für jemanden / für mich getan?

....

....

Was habe ich heute gelernt?

....

....

Tolle Dinge, die ich heute erlebt habe ...

1. ....

2. ....

3. ....

Mo Di Mi Do Fr Sa So ....

Ich bin dankbar für ...

1. ....
2. ....
3. ....

So sorge ich für einen guten Tag ...

....

....

....

....

....

Positive Selbstbekräftigung

....

....

Um Himmels willen, praktiziere dich in kleinen Dingen
und schreite weiter zu großartigen.

Epiktet

Was habe ich heute Gutes für jemanden / für mich getan?

....

....

Was habe ich heute gelernt?

....

....

Tolle Dinge, die ich heute erlebt habe ...

1. ....
2. ....
3. ....

Mo Di Mi Do Fr Sa So ....

Ich bin dankbar für ...

1. ....
2. ....
3. ....

So sorge ich für einen guten Tag ...

....

....

....

....

....

Positive Selbstbekräftigung

....

....

Es braucht zu allem ein Entschließen –
selbst zum Genießen.
Eduard von Bauernfeld

Was habe ich heute Gutes für jemanden / für mich getan?

....

....

Was habe ich heute gelernt?

....

....

Tolle Dinge, die ich heute erlebt habe ...

1. ....
2. ....
3. ....

Mo Di Mi Do Fr Sa So ....

Ich bin dankbar für ...

1. ....
2. ....
3. ....

So sorge ich für einen guten Tag ...

....
....
....
....
....

Positive Selbstbekräftigung

....
....

Was gibt uns wohl den schönsten Frieden,
als frei am eigenen Glück zu schmieden.
Johann Wolfgang von Goethe

Was habe ich heute Gutes für jemanden / für mich getan?

....
....

Was habe ich heute gelernt?

....
....

Tolle Dinge, die ich heute erlebt habe ...

1. ....
2. ....
3. ....

WOCHENREFLEXION

Meine Highlights & Erfolge der Woche:

Auf einer Skala von 1–10, wie glücklich war ich diese Woche und warum?

1 2 3 4 5 6 7 8 9 10

WOCHENPLANUNG

So sorge ich für eine gute Woche:

Berufsleben:	Privatleben:

Darauf freue ich mich:

1.
2.
3.

NOTIZEN & IDEEN

DEIN GEWOHNHEITS-TRACKER

Gewohnheit

	M	D	M	D	F	S	S
	O	O	O	O	O	O	O
	O	O	O	O	O	O	O
	O	O	O	O	O	O	O

Mo Di Mi Do Fr Sa So ....

Ich bin dankbar für ...

1. ....
2. ....
3. ....

So sorge ich für einen guten Tag ...

....
....
....
....
....

Positive Selbstbekräftigung

....
....

Wöchentliche Herausforderung

Studien zeigen: Je intensiver du abschalten kannst, desto produktiver und kreativer kannst du auch arbeiten.[8] In dieser Woche gestaltest du deine individuelle To-relax-Liste, deinen persönlichen Gegenentwurf zur To-do-Liste und zum Hochgeschwindigkeitsalltag: entspannen, entschleunigen, chillen, grillen, philosophieren, phantasieren ... Plane proaktiv Dinge, die dir guttun.

Was habe ich heute Gutes für jemanden / für mich getan?

....
....

Was habe ich heute gelernt?

....
....

Tolle Dinge, die ich heute erlebt habe ...

1. ....
2. ....
3. ....

Mo Di Mi Do Fr Sa So ....

Ich bin dankbar für ...

1. ....

2. ....

3. ....

So sorge ich für einen guten Tag ...

....

....

....

....

....

Positive Selbstbekräftigung

....

....

Was ohne Ruhepausen geschieht,
ist nicht von Dauer.

Ovid

Was habe ich heute Gutes für jemanden / für mich getan?

....

....

Was habe ich heute gelernt?

....

....

Tolle Dinge, die ich heute erlebt habe ...

1. ....

2. ....

3. ....

Mo Di Mi Do Fr Sa So ....

Ich bin dankbar für ...

1. ....
2. ....
3. ....

So sorge ich für einen guten Tag ...

....

....

....

....

....

Positive Selbstbekräftigung

....

....

Wenn du zehn Probleme auf dich zufahren siehst,
kannst du sicher sein, dass neun von ihnen im Graben landen,
bevor sie dich erreichen.

Calvin Coolidge

Was habe ich heute Gutes für jemanden / für mich getan?

....

....

Was habe ich heute gelernt?

....

....

Tolle Dinge, die ich heute erlebt habe ...

1. ....
2. ....
3. ....

Mo Di Mi Do Fr Sa So ....

Ich bin dankbar für ...

1. ....
2. ....
3. ....

So sorge ich für einen guten Tag ...

....
....
....
....
....

Positive Selbstbekräftigung

....
....

Wer die Welt bewegen will,
sollte erst sich selbst bewegen.
Sokrates

Was habe ich heute Gutes für jemanden / für mich getan?

....
....

Was habe ich heute gelernt?

....
....

Tolle Dinge, die ich heute erlebt habe ...

1. ....
2. ....
3. ....

Mo Di Mi Do Fr Sa So ....

Ich bin dankbar für ...

1. ....

2. ....

3. ....

So sorge ich für einen guten Tag ...

....

....

....

....

....

Positive Selbstbekräftigung

....

....

Groll mit uns herumtragen ist wie das Greifen nach einem glühenden Stück Kohle in der Absicht, es nach jemandem zu werfen. Man verbrennt sich nur selbst dabei.

Buddha

Was habe ich heute Gutes für jemanden / für mich getan?

....

....

Was habe ich heute gelernt?

....

....

Tolle Dinge, die ich heute erlebt habe ...

1. ....

2. ....

3. ....

Mo Di Mi Do Fr Sa So ………………

Ich bin dankbar für …

1. ……………………………………………………………
2. ……………………………………………………………
3. ……………………………………………………………

So sorge ich für einen guten Tag …

……………………………………………………………
……………………………………………………………
……………………………………………………………
……………………………………………………………
……………………………………………………………

Positive Selbstbekräftigung

……………………………………………………………
……………………………………………………………

Man sieht oft etwas hundert Mal, tausend Mal,
ehe man es zum allerersten Mal sieht.

Christian Morgenstern

Was habe ich heute Gutes für jemanden / für mich getan?

……………………………………………………………
……………………………………………………………

Was habe ich heute gelernt?

……………………………………………………………
……………………………………………………………

Tolle Dinge, die ich heute erlebt habe …

1. ……………………………………………………………
2. ……………………………………………………………
3. ……………………………………………………………

Mo Di Mi Do Fr Sa So ....

Ich bin dankbar für ...

1. ....

2. ....

3. ....

So sorge ich für einen guten Tag ...

....

....

....

....

....

Positive Selbstbekräftigung

....

....

Nicht alle Wolken bringen Regen.

Niederländisches Sprichwort

Was habe ich heute Gutes für jemanden / für mich getan?

....

....

Was habe ich heute gelernt?

....

....

Tolle Dinge, die ich heute erlebt habe ...

1. ....

2. ....

3. ....

WOCHENREFLEXION

Meine Highlights & Erfolge der Woche:

Auf einer Skala von 1–10, wie glücklich war ich diese Woche und warum?

1 2 3 4 5 6 7 8 9 10

WOCHENPLANUNG

So sorge ich für eine gute Woche:

Berufsleben:	Privatleben:

Darauf freue ich mich:

1.
2.
3.

Die Struktur

... ist nicht in Stein gemeißelt.

Beim Fußballspielen gibt es feste Regeln. Innerhalb dieses Regelwerks hat dennoch jeder Spieler seine ganz individuelle Spielweise. Gleiches gilt auf dem Spielfeld des 6-Minuten-Tagebuchs: Um für Abwechslung zu sorgen, kannst auch du dir eigene Regeln setzen. So kannst du dir zum Beispiel eine Woche lang vornehmen, jeden Tag drei vollkommen neue Dinge, für die du dankbar bist, aufzuschreiben – Dinge, die du für den Rest der Woche kein zweites Mal nennen darfst. So stellst du den Filter deiner Realität (dein aufsteigendes retikuläres Aktivierungssystem)[9] für alle positiven Objekte scharf, die sich in deinem Suchradius befinden. Das hilft, deine Wahrnehmung so zu konditionieren, dass du in neuen Situationen immer wieder das Gute und somit neue Chancen und Möglichkeiten für dich herausfilterst.

Wenn du morgens drei Dinge aufschreibst, für die du dankbar bist, geht es nicht darum, zügig eine Liste von Dankbarkeiten runterzuschreiben. Mit so einer Einstellung kann das Ganze schnell repetitiv werden und die Dankbarkeit wird im Kopf und nicht im Herzen verarbeitet. Fühl, was du schreibst. Da detaillierte Einträge ein tolles Instrument sind, um diese emotionale Verbundenheit zu erreichen, braucht man an manchen Tagen eben etwas mehr Platz zum Schreiben. An solchen Tagen kannst du die Nummern 1 bis 3 einfach durchstreichen und den Platz für einen etwas längeren Dankbarkeitseintrag nutzen. Hauptsache, du fühlst dich emotio-

Nur wer selbst brennt,
kann Feuer in anderen entfachen.

Augustinus

nal verbunden mit dem, was du schreibst. Hier wirst du im Laufe der Zeit deinen eigenen Rhythmus finden, der sich für dich natürlich und intuitiv richtig anfühlt. Das Gleiche gilt natürlich für die anderen Abschnitte im Tagebuch. Wenn du zum Beispiel mit einer der Kategorien beim Monats-Check nichts anfangen kannst, lass sie einfach aus oder ersetze sie durch eine andere, die dir vielleicht fehlt. Wir können es nicht oft genug sagen: Scheu nicht davor zurück, dem Tagebuch deinen ganz persönlichen Fingerabdruck zu geben.

Gutes tun

... und warum du dir damit selbst Gutes tust.

Menschen, die anderen gern helfen und zu prosozialem Verhalten tendieren, stufen sich selbst als glücklicher ein als solche, die das nicht tun. Wie glücklich macht es uns wirklich, anderen etwas Gutes zu tun? Dazu haben Forscher in den USA ein Experiment durchgeführt. Die Studienteilnehmer erhielten jeweils 100 Dollar. Ihnen wurde freigestellt, diese für wohltätige Zwecke ihrer Wahl zu spenden oder für sich selbst auszugeben. Mit Hilfe von Gehirnscans wurden die Gehirnaktivitäten während des Experiments untersucht. Das Gehirnareal, das für Freude und Vergnügen verantwortlich ist, war bei der Spendergruppe aktiver als bei denen, die das Geld für sich selbst nutzten. Dasselbe Gehirnareal verursacht zum Beispiel beim Orgasmus oder beim Verspeisen eines köstlichen Stückes Schokolade die Dopaminausschüttung. Allerdings haben Studien von Dr. Seligman gezeigt, dass sich das Glücksgefühl beim Geben stark von dem bei gutem Essen oder Sex unterscheidet: Die positiven Effekte halten hier über den gesamten Tag oder länger an, während sie im anderen Fall viel schneller wieder vorüber sind.

> Nur der froh ist,
> der geben mag.
>
> *J. W. von Goethe*

Natürlich spendest du nicht täglich Geld. Daher gilt es auch hier, das Augenmerk vielmehr auf die kleinen Taten des Tages zu legen: der Gefallen für den Arbeitskollegen, die kleine Aufmerksamkeit für deinen Freund, das Spülen des Tellers deines Mitbewohners oder die Mithilfe bei der Bewerbung deiner Mutter. Frag deine Großeltern, wie es ihnen geht. Sprich mit jemandem, der einsam wirkt. Sag deinem Partner, dass du ihn liebst. Drücke Dankbarkeit gegenüber Freunden, Familie und Arbeitskollegen aus. Lobe den Koch der Mahlzeit vor deiner Nase. Halte jemandem die Tür auf. Hab ein offenes Ohr. Sag deinem Nachbarn freundlich guten Morgen oder verschenke ein nettes Lächeln an die Supermarkt-Kassiererin.

NOTIZEN & IDEEN

DEIN GEWOHNHEITS-TRACKER

Gewohnheit

	M	D	M	D	F	S	S
	○	○	○	○	○	○	○
	○	○	○	○	○	○	○
	○	○	○	○	○	○	○

Mo Di Mi Do Fr Sa So ....

Ich bin dankbar für ...

1. ....
2. ....
3. ....

So sorge ich für einen guten Tag ...

....
....
....
....
....

Positive Selbstbekräftigung

....
....

Wöchentliche Herausforderung

Der «Planungsfehlschluss» ist die Tendenz zu unterschätzen, wie viel Zeit wir für eine Aufgabe benötigen.[8] Immer wieder schätzen wir den Aufwand überoptimistisch ein und haben so zu wenig Zeit und zu viel zu tun. Behalte diesen menschlichen Fehlschluss im Kopf und pass deine Planung entsprechend an. Das Resultat: weniger Stress, realistischere Arbeitslasten und mehr Zeit für dich.

Was habe ich heute Gutes für jemanden / für mich getan?

....
....

Was habe ich heute gelernt?

....
....

Tolle Dinge, die ich heute erlebt habe ...

1. ....
2. ....
3. ....

Mo Di Mi Do Fr Sa So ....

Ich bin dankbar für ...

1. ....
2. ....
3. ....

So sorge ich für einen guten Tag ...

....

....

....

....

....

Positive Selbstbekräftigung

....

....

Die meisten Menschen überschätzen, was sie in einem Jahr
und unterschätzen, was sie in zehn Jahren erreichen können.

Bill Gates

Was habe ich heute Gutes für jemanden / für mich getan?

....

....

Was habe ich heute gelernt?

....

....

Tolle Dinge, die ich heute erlebt habe ...

1. ....
2. ....
3. ....

Mo Di Mi Do Fr Sa So ....

Ich bin dankbar für ...

1. ....

2. ....

3. ....

So sorge ich für einen guten Tag ...

Positive Selbstbekräftigung

> Unser ärgster Feind kann nur unser mangelnder
> Glaube an uns selbst sein.
>
> *Angela Merkel*

Was habe ich heute Gutes für jemanden / für mich getan?

Was habe ich heute gelernt?

Tolle Dinge, die ich heute erlebt habe ...

1. ....

2. ....

3. ....

Mo Di Mi Do Fr Sa So ....

Ich bin dankbar für ...

1. ....

2. ....

3. ....

So sorge ich für einen guten Tag ...

....

....

....

....

....

Positive Selbstbekräftigung

....

....

Ich habe geweint, weil ich keine Schuhe hatte,
bis ich einen traf, der keine Füße hatte.

Giacomo Graf Leopardi

Was habe ich heute Gutes für jemanden / für mich getan?

....

....

Was habe ich heute gelernt?

....

....

Tolle Dinge, die ich heute erlebt habe ...

1. ....

2. ....

3. ....

Mo Di Mi Do Fr Sa So ....

Ich bin dankbar für ...

1. ....
2. ....
3. ....

So sorge ich für einen guten Tag ...

....
....
....
....
....

Positive Selbstbekräftigung

....
....

Es kommt nicht darauf an, mit dem Kopf durch die Wand zu gehen,
sondern mit den Augen die Tür zu finden.
Werner von Siemens

Was habe ich heute Gutes für jemanden / für mich getan?

....
....

Was habe ich heute gelernt?

....
....

Tolle Dinge, die ich heute erlebt habe ...

1. ....
2. ....
3. ....

Mo Di Mi Do Fr Sa So ....

Ich bin dankbar für ...

1. ....
2. ....
3. ....

So sorge ich für einen guten Tag ...

....
....
....
....
....

Positive Selbstbekräftigung

....
....

Glücklich ist nicht, wer Anderen so vorkommt,
sondern wer sich selbst dafür hält.

Seneca

Was habe ich heute Gutes für jemanden / für mich getan?

....
....

Was habe ich heute gelernt?

....
....

Tolle Dinge, die ich heute erlebt habe ...

1. ....
2. ....
3. ....

Mo Di Mi Do Fr Sa So ....

Ich bin dankbar für ...

1. ....

2. ....

3. ....

So sorge ich für einen guten Tag ...

....

....

....

....

....

Positive Selbstbekräftigung

....

....

Jedenfalls ist es besser, ein eckiges Etwas zu sein,
als ein rundes Nichts.
Christian Friedrich Hebbel

Was habe ich heute Gutes für jemanden / für mich getan?

....

....

Was habe ich heute gelernt?

....

....

Tolle Dinge, die ich heute erlebt habe ...

1. ....

2. ....

3. ....

MONATS-CHECK

Gesamtstimmung	1	2	3	4	5	6	7	8	9	10
Dankbarkeit	1	2	3	4	5	6	7	8	9	10
Achtsamkeit	1	2	3	4	5	6	7	8	9	10
Familie	1	2	3	4	5	6	7	8	9	10
Freunde	1	2	3	4	5	6	7	8	9	10
Partnerschaft	1	2	3	4	5	6	7	8	9	10
Spaß	1	2	3	4	5	6	7	8	9	10
Ruhe & Gelassenheit	1	2	3	4	5	6	7	8	9	10
Zeit für dich	1	2	3	4	5	6	7	8	9	10
Gesund essen	1	2	3	4	5	6	7	8	9	10
Wasser trinken	1	2	3	4	5	6	7	8	9	10
Sport	1	2	3	4	5	6	7	8	9	10
Nach draußen gehen	1	2	3	4	5	6	7	8	9	10
Gesundheit	1	2	3	4	5	6	7	8	9	10
Kreativität	1	2	3	4	5	6	7	8	9	10
Finanzen	1	2	3	4	5	6	7	8	9	10
Arbeit & Ausbildungen	1	2	3	4	5	6	7	8	9	10
Gedanken & Emotionen	1	2	3	4	5	6	7	8	9	10
Die Gegenwart	1	2	3	4	5	6	7	8	9	10
Die Zukunft	1	2	3	4	5	6	7	8	9	10

NOTIZEN ZUM MONAT

Mehr als nur ein Tagebuch

... was genau die Wochen- und Monatsroutine dir zu bieten haben.

Wöchentliche Herausforderung – Raus aus der Komfortzone

Jede Woche aufs Neue stellt dir das *6-Minuten-Tagebuch Pur* eine einzigartige Herausforderung, die dich dazu bringt, dir selbst oder anderen Menschen etwas Gutes zu tun. Kurzfristig kann die Bewältigung der Herausforderungen schwerfallen, langfristig steigerst du damit dein Wohlbefinden. Deine Überlebenssoftware ist von Natur aus bestrebt, Aufwand und Energie zu sparen. Daher steht sie Neuem und Unbekanntem höchst skeptisch gegenüber. Sie lehnt Neues zumeist ab, weil sie damit unbewusst eine Bedrohung assoziiert. Aus diesem Grund willst du dich lieber in deiner gemütlichen Komfortzone einkuscheln. Du willst da bleiben, wo alles vertraut ist, wo du Stress und Risiko minimieren kannst. Im angstfreien Raum, wo alles mehr oder weniger vorhersehbar ist. Du willst einen sportlichen Körper haben, aber nicht ins Fitnessstudio gehen oder der ständigen Verlockung zu ungesunden Leckereien widerstehen. Du willst lieber davon träumen, wie du mit deinem Traumpartner zum Hochzeitsaltar schreitest, anstatt den ersten Schritt fürs Date zu wagen.

Wenn du dir das Tagebuch gekauft hast, stehst du mit hoher Wahrscheinlichkeit Neuem offener gegenüber als der Durchschnittsbürger. Nimmst du die Herausforderungen an und lässt dich somit mit Neuem konfrontieren, lernst du dazu, bleibst flexibel und entwickelst dich weiter. Die Herausforderungen im *6-Minuten-Tagebuch Pur* sind so konzipiert, dass du regelmäßig über deinen eigenen Schatten springen musst. Und was nach den Gesetzen der Physik unmöglich ist, ist auf geistiger Ebene durchaus machbar. Egal ob für deinen beruflichen Erfolg, deine persönlichen Beziehungen, deine spirituellen oder sportlichen Ambitionen. Deine Ziele und deine Komfortzone leben nicht in der gleichen Straße, sie haben nicht mal die gleiche Postleitzahl. Deshalb ist es bequem, aber nicht gut, das Bequeme für das Gute zu halten. Dein persönliches Wachstum findet, genau wie jeder wirkliche Fortschritt im Leben, außerhalb deiner Komfortzone statt. Du springst förmlich aus deinem geistigen Nest der Bequemlichkeit – und davon profitiert niemand mehr als du selbst.

Gewohnheits-Tracker – Aus guten Vorsätzen werden echte Gewohnheiten

Was passiert eigentlich mit deinen schlechten Angewohnheiten, sobald sie nicht mehr Teil deines Lebens sind? Verschwinden sie einfach? Leider nicht, denn jede Gewohnheit – egal ob alt oder neu – hinterlässt eine feste neuronale Struktur in deinem Gehirn[11], eine Art «neuronale Kassette». Diese Kassette wird in den Gehirnarealen archiviert, die unter anderem für den Aufbau von Gewohnheiten verantwortlich sind, den sogenannten Basalganglien. Da sich das Tonband der neuronalen Kassette nicht mehr löschen lässt, empfiehlt es sich, eine neue Kassette einzulegen, wenn du die Musik darauf nicht mehr hören möchtest. Und jetzt noch mal ohne Kassetten-Analogie: Da alte Gewohnheiten fest im Gehirn verwurzelt sind, kannst du sie am besten loswerden, indem du sie mit neuen positiven überlagerst. Sobald du den Fokus auf die Aufrechterhaltung deiner positiven Gewohnheiten verlierst, können alte, unerwünschte Gewohnheiten wieder aktiviert werden.[12] Um also sicherzustellen, dass du nicht mehr in alte Verhaltensmuster zurückfällst, hilft dir der Gewohnheits-Tracker, vorhandene Gewohnheiten aufrechtzuerhalten oder neue zu etablieren.

Die Erfolgreichen suchen sich die Umstände, die sie brauchen, und wenn sie sie nicht finden, schaffen sie sich diese Umstände selber.

George Bernard Shaw

Monats-Check – Deine Momentaufnahme

Welches Bild zeichnen deine verschiedenen Lebensbereiche momentan, und in welche Richtung entwickeln sie sich? Hier siehst du das große Ganze und kannst wunderbar vergleichen, wie einzelne Aspekte deines Lebens sich verändern. Am Anfang machst du eine Statusaufnahme und beobachtest dann in den nächsten Monaten, wie sich die einzelnen Lebensgebiete entwickeln. Schau es dir doch einfach mal kurz an (S. 114). Wenn du mit einer der Kategorien nichts anfangen kannst, lass sie einfach aus oder ersetze sie durch eine andere, die dir vielleicht fehlt. Scheu nicht davor zurück, dem Tagebuch deinen ganz persönlichen Fingerabdruck zu geben.

Monatliche 6 Fragen – Die Wahrheit über dich

Jeder möchte Antworten haben. Am besten schnell, klar und eindeutig. Grundsätzlich tendieren wir dazu, die Bedeutung von «richtigen» Antworten überzubewerten. Das ist kein Wunder, denn insbesondere unser Schul- und Arbeitssystem haben uns dazu konditioniert, so zu denken: Von Prüfung zu Prüfung, Aufgabe zu Aufgabe und Projekt zu Projekt wird uns eingetrichtert, den Fokus auf das Endresultat zu legen. Während gute Fragen in der Schule weder gelehrt noch belohnt werden, regnet es Anerkennung für auswendig gelernte Antworten. Lehrer stellen die Fragen und vergeben gute Noten für «richtige» Antworten. Firmenchefs möchten Lösungen und zahlen gutes Geld für starke Ergebnisse. Das Leben dreht sich aber nicht nur um Endziele, sondern vielmehr um den Weg dahin – mit all seinen Nebenstrecken, Sackgassen und Abzweigungen.

Die Tatsache, dass unsere Gesellschaft so viel Wert auf Antworten und Resultate legt, spiegelt sich nicht nur im Berufs- und Bildungsleben wider. Sie überträgt sich auch auf unser persönliches Leben. So stellen wir uns zu oft weniger wichtige Fragen, wie z.B. «Was denken andere von mir?» oder «Wie kann ich besser sein als andere?». Gleichzeitig beschäftigen wir uns zu selten mit essenziellen Fragen, wie z.B. «Was sind meine Prioritäten im Leben und warum?« oder «Wie fühle ich mich zurzeit und warum ist das so?» Und selbst, wenn wir uns mit den fundamentalen Fragen beschäftigen, tendieren wir dazu, voreilige Antworten zu geben. Wir sind zu fokussiert auf die nächste rasche Lösung, die damit verbundene Belohnung und das daraus resultierende, kurzlebige Gefühl der Befriedigung.

Wer «nicht in die Welt passt», der ist immer nahe daran, sich selber zu finden.
Hermann Hesse

Antworten lassen uns oftmals in dem Glauben, dass wir nicht mehr weitergehen müssen, weil wir schon alles wissen. Sie sind häufig vorgefertigt und somit bequem, können uns dadurch aber auch schnell fremde Ansichten und standardisierte Lösungen aufdrängen. Gute Fragen hingegen stimulieren uns, die Antworten selbst zu erarbeiten, und sind so ein fruchtbarer Boden für individualisierte und kreative Lösungen. Sie bringen uns dazu, über den Tellerrand zu schauen, um Ecken zu denken und Neues zu entdecken. Die Prozesse, die wir durchlaufen, wenn wir eine Frage formulieren oder ihr auf den Grund gehen, sind die Basis für echtes Verständnis und nachhaltiges Wachstum. In über 40 Jahren als Geschäftsführer des erfolgreichsten Investmentfonds der Welt konnte Ray Dalio Erfahrungen mit Tausenden von Mitarbeitern sammeln und sagte passend dazu: «Schlaue Menschen sind diejenigen, die die besten Fragen stellen, ganz im Gegensatz zu denen, die denken, alle Antworten parat zu haben. Gute Fragen sind ein weitaus besserer Indikator für zukünftigen Erfolg als prima Antworten.»[13] Wenn du also lernen, wachsen und nach vorne gehen möchtest, ist es absolut notwendig, eine bewusste Wertschätzung für Fragen zu entwickeln. Mit den Monatlichen 6 Fragen steuerst du proaktiv genau in diese Richtung. Ob tiefgründig, unterhaltsam, motivierend, inspirierend oder ein Mix aus alldem – die Fragen sind Monat für Monat unterschiedlich und geben dir so immer wieder neues Gedankenfutter.

Höhepunkt des Glücks ist es, wenn der Mensch bereit ist, das zu sein, was er ist.
Erasmus von Rotterdam

Wir alle haben eine Vorstellung davon, was unser Leben «perfekt» machen würde und wie es aussehen «sollte». Von dieser Idealvorstellung ausgehend verfolgen wir oft Ziele, die uns zu viel abverlangen und wenig mit dem zu tun haben, was wir eigentlich brauchen. Aber wie finden wir heraus, welche Ziele zu uns passen? Hierfür gilt es zunächst, den Fuß vom Selbstoptimierungs-Pedal zu nehmen und den ersten Gang der Selbstakzeptanz-Schaltung einzulegen. Ziele sind wichtig, aber ebenso wichtig ist es, aufrichtig sagen zu können: «Ich bin gerade genug, so wie ich bin.» Selbstakzeptanz ist der Ausgangspunkt für Zielsetzungen, die wirklich mit dir harmonieren. Wenn du diesen Punkt überspringst, wird es immer heißen: «Ich bin erst genug, wenn ich dies und jenes erreicht habe.» Mit diesem Denkmuster gibst du dir nur selten die Erlaubnis, dich so zu mögen, wie du bist. Du läufst Gefahr, dich mit jedem neuen Ziel auf einen Kampf gegen dich selbst einzulassen, den du langfristig nicht gewinnen kannst.

Erst wenn du dich selbst annimmst – mit all deinen Bedürfnissen, Emotionen, Stärken und Schwächen, Ecken und Kanten –, kannst du dir Ziele setzen, die dich wachsen lassen. Passend dazu sagte Ray Dalio: «Die glücklichsten Menschen sind diejenigen, die ihre eigene Natur entdecken, um ihr Leben dann daran anzupassen.»[14] Dementsprechend dreht sich ein Großteil der Monatlichen 6 Fragen darum, dich durch Selbstreflexion zu ergründen, um daraus Ziele abzuleiten, die dich wirklich erfüllen. Für diesen Prozess fordern dich viele der Fragen heraus, tief in dich zu gehen. Dabei ist es ganz normal, auf Widerstand zu stoßen.

Sollte dir also eine Frage Unbehagen bereiten, ist das eventuell ein Indiz dafür, dass die Beschäftigung damit umso wertvoller für dich ist. Im Zweifelsfall ignorierst du sie oder besser noch: Du markierst sie, um ihr ein paar Wochen später eine zweite Chance zu geben. Wenn du dich auf die Fragen einlässt, wirst du dich in jedem Fall besser verstehen und so ein Stück weit entspannter und gelassener mit dir selbst umgehen. Du kramst Verdrängtes und Vergessenes aus dem hintersten Teil deines Bewusstseins und deckst Überraschendes und Spannendes über dich selbst auf. Du betrachtest deinen Charakter mal aus einem anderen Blickwinkel und kannst so in ganz neue Richtungen denken.

Ein interessanter Fakt über deine Zukunft

Was denkst du, wie sehr sich deine Persönlichkeit mit all deinen Eigenschaften, Werten und Vorlieben in den letzten zehn Jahren verändert hat? (0 = du bist genauso wie damals; 10 = du bist ein anderer Mensch) Schreib dir diese Zahl auf und beantworte im Anschluss dieselbe Frage für die Veränderungen, die du in den nächsten zehn Jahren erwartest. Lies nicht weiter, bevor du die Frage beantwortet hast ... Die erste Zahl war deutlich höher als die zweite, richtig? Obwohl wir die großen Veränderungen in der Vergangenheit deutlich wahrnehmen, denken, wir, dass sich unsere Persönlichkeit in der Zukunft nur noch minimal verändern wird. Dieses Phänomen nennt sich «Ende-der-Geschichte-Illusion», ein menschlicher Fehlschluss, den der Harvard-Psychologe Dan Gilbert in einer Studie mit 19 000 Teilnehmern über alle Altersklassen beobachten konnte.[15]

Tatsächlich verändert sich deine Persönlichkeit in den nächsten zehn Jahren mit hoher Wahrscheinlichkeit ähnlich stark wie in den zehn Jahren davor. Warum sollte deine Persönlichkeitsentwicklung auch gerade jetzt an Fahrt verlieren? Sei dir dementsprechend bewusst, dass es für die meisten der Monatlichen 6 Fragen – vor allem für die tiefgründigen – nicht die einzig wahre Antwort gibt. Einige deiner heutigen Antworten können vollkommen von denen abweichen, die du in ein paar Monaten oder Jahren geben würdest. Aus diesem Grund sind deine Antworten hierbei gar nicht das Wichtigste, sondern die wertvollen Momente, die du auf der Suche danach erlebst – nämlich dann, wenn du in dich hineinhorchst.

MONATLICHE 6 FRAGEN

Welches kleine oder große Herzensprojekt schlummert schon lange in dir und verdient mehr Hingabe und Zeit? Wie kannst du schon heute den ersten kleinen Schritt machen?

«Wenn du etwas loslässt, bist du etwas glücklicher. Wenn du viel loslässt, bist du viel glücklicher. Wenn du ganz loslässt, bist du frei.» (Ajahn Chah) Klammerst du dich momentan an etwas fest, das du längst hättest gehen lassen sollen?

Was hat dir als Kind am meisten Spaß gemacht? Wonach sehnt sich das Kind in dir aktuell am stärksten?

MONATLICHE 6 FRAGEN

Beschreibe eine für dich bedeutsame Begegnung.
Wie kam sie zustande und warum war sie so wichtig für dich?

Worauf bist du wirklich stolz?
Was genau erfüllt dich daran mit Stolz?

Wenn du ab heute ein halbes Jahr lang bezahlten Urlaub hättest,
was würdest du in diesem halben Jahr machen?

WOCHENREFLEXION

Meine Highlights & Erfolge der Woche:

Auf einer Skala von 1–10, wie glücklich war ich diese Woche und warum?

1 2 3 4 5 6 7 8 9 10

WOCHENPLANUNG

So sorge ich für eine gute Woche:

Berufsleben:	Privatleben:

Darauf freue ich mich:

1.
2.
3.

NOTIZEN & IDEEN

DEIN GEWOHNHEITS-TRACKER

Gewohnheit

	M	D	M	D	F	S	S
	○	○	○	○	○	○	○
	○	○	○	○	○	○	○
	○	○	○	○	○	○	○

Es ist schwer,
das Glück in uns
zu finden, und es ist
ganz unmöglich,
es anderswo zu finden.

Nicolas de Chamfort

Mo Di Mi Do Fr Sa So ....

Ich bin dankbar für ...

1. ....
2. ....
3. ....

So sorge ich für einen guten Tag ...

....

Positive Selbstbekräftigung

....

Wöchentliche Herausforderung
Larifari & Campari war gestern. Klarheit & Konzentration ist heute. Erstelle eine Not-to-do-Liste, um Störquellen, Zeitfresser und Ablenkungen im Keim zu ersticken. Fokussiere dich auf das, was dich wirklich erfüllt, und schaufle dir proaktiv Zeit dafür frei.

Was habe ich heute Gutes für jemanden / für mich getan?

....

Was habe ich heute gelernt?

....

Tolle Dinge, die ich heute erlebt habe ...

1. ....
2. ....
3. ....

Mo Di Mi Do Fr Sa So ....

Ich bin dankbar für ...

1. ....
2. ....
3. ....

So sorge ich für einen guten Tag ...

....
....
....
....
....

Positive Selbstbekräftigung

....
....

Wenn ich acht Stunden Zeit hätte, um einen Baum zu fällen,
würde ich sechs Stunden die Axt schleifen.

Abraham Lincoln

Was habe ich heute Gutes für jemanden / für mich getan?

....
....

Was habe ich heute gelernt?

....
....

Tolle Dinge, die ich heute erlebt habe ...

1. ....
2. ....
3. ....

Mo Di Mi Do Fr Sa So ....

Ich bin dankbar für ...

1. ....
2. ....
3. ....

So sorge ich für einen guten Tag ...

....

....

....

....

....

Positive Selbstbekräftigung

....

....

Wer das Gute in den Dingen sieht, hat gute Gedanken.
Wer gute Gedanken hat, empfängt die Freuden des Lebens.
Weisheit aus dem Sufismus

Was habe ich heute Gutes für jemanden / für mich getan?

....

....

Was habe ich heute gelernt?

....

....

Tolle Dinge, die ich heute erlebt habe ...

1. ....
2. ....
3. ....

Mo Di Mi Do Fr Sa So ....

Ich bin dankbar für ...

1. ....
2. ....
3. ....

So sorge ich für einen guten Tag ...

....
....
....
....
....

Positive Selbstbekräftigung

....
....

Ich hatte mein ganzes Leben viele Probleme und Sorgen.
Die meisten von ihnen sind aber niemals eingetreten.

Mark Twain

Was habe ich heute Gutes für jemanden / für mich getan?

....
....

Was habe ich heute gelernt?

....
....

Tolle Dinge, die ich heute erlebt habe ...

1. ....
2. ....
3. ....

Mo Di Mi Do Fr Sa So ....

Ich bin dankbar für ...

1. ....

2. ....

3. ....

So sorge ich für einen guten Tag ...

....

....

....

....

....

Positive Selbstbekräftigung

....

....

Das eigene Glück darin zu suchen, materielle Dinge zu besitzen, ist ein sicherer Weg, um nicht glücklich zu sein.

Papst Franziskus

Was habe ich heute Gutes für jemanden / für mich getan?

....

....

Was habe ich heute gelernt?

....

....

Tolle Dinge, die ich heute erlebt habe ...

1. ....

2. ....

3. ....

Mo Di Mi Do Fr Sa So ....

Ich bin dankbar für ...

1. ....

2. ....

3. ....

So sorge ich für einen guten Tag ...

....

....

....

....

....

Positive Selbstbekräftigung

....

....

Ein Gramm gutes Beispiel gilt mehr
als ein Zentner Worte.

Franz von Sales

Was habe ich heute Gutes für jemanden / für mich getan?

....

....

Was habe ich heute gelernt?

....

....

Tolle Dinge, die ich heute erlebt habe ...

1. ....

2. ....

3. ....

Mo Di Mi Do Fr Sa So ....

Ich bin dankbar für ...

1. ....

2. ....

3. ....

So sorge ich für einen guten Tag ...

....

....

....

....

....

Positive Selbstbekräftigung

....

....

Ich bin nie gescheitert, ich hatte nur 10 000 Ideen,
die nicht funktionierten.

Benjamin Franklin

Was habe ich heute Gutes für jemanden / für mich getan?

....

....

Was habe ich heute gelernt?

....

....

Tolle Dinge, die ich heute erlebt habe ...

1. ....

2. ....

3. ....

WOCHENREFLEXION

Meine Highlights & Erfolge der Woche:

Auf einer Skala von 1–10, wie glücklich war ich diese Woche und warum?

1 2 3 4 5 6 7 8 9 10

WOCHENPLANUNG

So sorge ich für eine gute Woche:

Berufsleben:	Privatleben:

Darauf freue ich mich:

1.

2.

3.

NOTIZEN & IDEEN

DEIN GEWOHNHEITS-TRACKER

Gewohnheit

	M	D	M	D	F	S	S
	O	O	O	O	O	O	O
	O	O	O	O	O	O	O
	O	O	O	O	O	O	O

Mo Di Mi Do Fr Sa So ....

Ich bin dankbar für ...

1. ....
2. ....
3. ....

So sorge ich für einen guten Tag ...

....
....
....
....
....

Positive Selbstbekräftigung

....
....

Wöchentliche Herausforderung

Viele Lektionen, die du lernen wirst, hat bereits jemand vor dir gelernt. Deshalb können erfahrenere Menschen dir oft in Minuten beibringen, was du sonst in Wochen oder Monaten lernen würdest. Gestattest du dir, proaktiv auf solche Menschen zuzugehen? In dieser Woche schon! Suche den Kontakt zu so einer Person und lerne aus ihren Erfahrungen & Erlebnissen.

Was habe ich heute Gutes für jemanden / für mich getan?

....
....

Was habe ich heute gelernt?

....
....

Tolle Dinge, die ich heute erlebt habe ...

1. ....
2. ....
3. ....

Mo Di Mi Do Fr Sa So ....

Ich bin dankbar für ...

1. ....
2. ....
3. ....

So sorge ich für einen guten Tag ...

Positive Selbstbekräftigung

Die meisten Menschen sind bereit zu lernen,
aber nur die wenigsten, sich belehren zu lassen.
Winston Churchill

Was habe ich heute Gutes für jemanden / für mich getan?

Was habe ich heute gelernt?

Tolle Dinge, die ich heute erlebt habe ...

1. ....
2. ....
3. ....

Mo Di Mi Do Fr Sa So ....

Ich bin dankbar für ...

1. ....
2. ....
3. ....

So sorge ich für einen guten Tag ...

....
....
....
....
....

Positive Selbstbekräftigung

....
....

Wege entstehen dadurch,
dass man sie geht.

Franz Kafka

Was habe ich heute Gutes für jemanden / für mich getan?

....
....

Was habe ich heute gelernt?

....
....

Tolle Dinge, die ich heute erlebt habe ...

1. ....
2. ....
3. ....

Mo Di Mi Do Fr Sa So ....

Ich bin dankbar für ...

1. ....
2. ....
3. ....

So sorge ich für einen guten Tag ...

....

....

....

....

....

Positive Selbstbekräftigung

....

....

Der Ziellose erleidet sein Schicksal –
der Zielbewusste gestaltet es.

Immanuel Kant

Was habe ich heute Gutes für jemanden / für mich getan?

....

....

Was habe ich heute gelernt?

....

....

Tolle Dinge, die ich heute erlebt habe ...

1. ....
2. ....
3. ....

Mo Di Mi Do Fr Sa So ....

Ich bin dankbar für ...

1. ....
2. ....
3. ....

So sorge ich für einen guten Tag ...

....

....

....

....

....

Positive Selbstbekräftigung

....

....

Es gibt nichts Schöneres, als geliebt zu werden,
geliebt um seiner selbst willen oder vielmehr trotz seiner selbst.

Victor Hugo

Was habe ich heute Gutes für jemanden / für mich getan?

....

....

Was habe ich heute gelernt?

....

....

Tolle Dinge, die ich heute erlebt habe ...

1. ....
2. ....
3. ....

Mo Di Mi Do Fr Sa So ....

Ich bin dankbar für ...

1. ....
2. ....
3. ....

So sorge ich für einen guten Tag ...

....

....

....

....

....

Positive Selbstbekräftigung

....

....

Das größte Geschenk ist ein Stück von dir.

Ralph Waldo Emerson

Was habe ich heute Gutes für jemanden / für mich getan?

....

....

Was habe ich heute gelernt?

....

....

Tolle Dinge, die ich heute erlebt habe ...

1. ....
2. ....
3. ....

Mo Di Mi Do Fr Sa So ....

Ich bin dankbar für ...

1. ....

2. ....

3. ....

So sorge ich für einen guten Tag ...

....

....

....

....

....

Positive Selbstbekräftigung

....

....

Wenn alles gegen dich zu laufen scheint, erinnere dich daran, dass das Flugzeug gegen den Wind abhebt, nicht mit ihm.

Henry Ford

Was habe ich heute Gutes für jemanden / für mich getan?

....

....

Was habe ich heute gelernt?

....

....

Tolle Dinge, die ich heute erlebt habe ...

1. ....

2. ....

3. ....

WOCHENREFLEXION

Meine Highlights & Erfolge der Woche:

Auf einer Skala von 1–10, wie glücklich war ich diese Woche und warum?

1 2 3 4 5 6 7 8 9 10

WOCHENPLANUNG

So sorge ich für eine gute Woche:

Berufsleben:	Privatleben:

Darauf freue ich mich:

1.
2.
3.

NOTIZEN & IDEEN

DEIN GEWOHNHEITS-TRACKER

Gewohnheit

	M	D	M	D	F	S	S
	O	O	O	O	O	O	O
	O	O	O	O	O	O	O
	O	O	O	O	O	O	O

Mo Di Mi Do Fr Sa So ....

Ich bin dankbar für ...

1. ....
2. ....
3. ....

So sorge ich für einen guten Tag ...

....

....

....

....

....

Positive Selbstbekräftigung

....

....

Wöchentliche Herausforderung

Jeder Mensch hat etwas, das ihn antreibt. Ermutige jemanden, der zurzeit antriebslos scheint, seine Ziele zu verfolgen, und mach ihm klar, dass du an seine Fähigkeiten glaubst. Verhilf ihm zu dem Motivationsschub, der ihm im Moment fehlt.

Was habe ich heute Gutes für jemanden / für mich getan?

....

....

Was habe ich heute gelernt?

....

....

Tolle Dinge, die ich heute erlebt habe ...

1. ....
2. ....
3. ....

Mo Di Mi Do Fr Sa So ....

Ich bin dankbar für ...

1. ....
2. ....
3. ....

So sorge ich für einen guten Tag ...

....

....

....

....

....

Positive Selbstbekräftigung

....

....

Sag einer Person, dass sie mutig ist,
und du hilfst ihr, es zu werden.
Thomas Carlyle

Was habe ich heute Gutes für jemanden / für mich getan?

....

....

Was habe ich heute gelernt?

....

....

Tolle Dinge, die ich heute erlebt habe ...

1. ....
2. ....
3. ....

Mo Di Mi Do Fr Sa So ....

Ich bin dankbar für ...

1. ....
2. ....
3. ....

So sorge ich für einen guten Tag ...

....

....

....

....

....

Positive Selbstbekräftigung

....

....

Man reist ja nicht, um anzukommen,
sondern um zu reisen.

Johann Wolfgang von Goethe

Was habe ich heute Gutes für jemanden / für mich getan?

....

....

Was habe ich heute gelernt?

....

....

Tolle Dinge, die ich heute erlebt habe ...

1. ....
2. ....
3. ....

Mo Di Mi Do Fr Sa So ....

Ich bin dankbar für ...

1. ....

2. ....

3. ....

So sorge ich für einen guten Tag ...

....

....

....

....

....

Positive Selbstbekräftigung

....

....

Und wenn wir die ganze Welt durchreisen, um das Schöne zu finden:
Wir müssen es in uns tragen, sonst finden wir es nicht.

Ralph Waldo Emerson

Was habe ich heute Gutes für jemanden / für mich getan?

....

....

Was habe ich heute gelernt?

....

....

Tolle Dinge, die ich heute erlebt habe ...

1. ....

2. ....

3. ....

Mo Di Mi Do Fr Sa So ....

Ich bin dankbar für ...

1. ....
2. ....
3. ....

So sorge ich für einen guten Tag ...

....

....

....

....

....

Positive Selbstbekräftigung

....

....

> Genau genommen leben sehr wenige Menschen in der Gegenwart,
> die meisten bereiten sich gerade vor, demnächst zu leben.
>
> *Jonathan Swift*

Was habe ich heute Gutes für jemanden / für mich getan?

....

....

Was habe ich heute gelernt?

....

....

Tolle Dinge, die ich heute erlebt habe ...

1. ....
2. ....
3. ....

Mo Di Mi Do Fr Sa So ....

Ich bin dankbar für ...

1. ....
2. ....
3. ....

So sorge ich für einen guten Tag ...

....

....

....

....

....

Positive Selbstbekräftigung

....

....

Gemeinsame Erinnerungen sind
manchmal die besten Friedensstifter.

Marcel Proust

Was habe ich heute Gutes für jemanden / für mich getan?

....

....

Was habe ich heute gelernt?

....

....

Tolle Dinge, die ich heute erlebt habe ...

1. ....
2. ....
3. ....

Mo Di Mi Do Fr Sa So ....

Ich bin dankbar für ...

1. ....
2. ....
3. ....

So sorge ich für einen guten Tag ...

....
....
....
....
....

Positive Selbstbekräftigung

....
....

Gehe nicht, wohin der Weg führen mag, sondern dorthin,
wo kein Weg ist, und hinterlasse eine Spur.

Jean Paul

Was habe ich heute Gutes für jemanden / für mich getan?

....
....

Was habe ich heute gelernt?

....
....

Tolle Dinge, die ich heute erlebt habe ...

1. ....
2. ....
3. ....

WOCHENREFLEXION

Meine Highlights & Erfolge der Woche:

Auf einer Skala von 1–10, wie glücklich war ich diese Woche und warum?

1 2 3 4 5 6 7 8 9 10

WOCHENPLANUNG

So sorge ich für eine gute Woche:

Berufsleben:

Privatleben:

Darauf freue ich mich:

1.

2.

3.

NOTIZEN & IDEEN

DEIN GEWOHNHEITS-TRACKER

Gewohnheit

	M	D	M	D	F	S	S
	○	○	○	○	○	○	○
	○	○	○	○	○	○	○
	○	○	○	○	○	○	○

Wo sich das Mitleid
einschleicht,
ist bis zur Liebe
nur noch ein Schritt.

Julius Grosse

Mo Di Mi Do Fr Sa So ....

Ich bin dankbar für ...

1. ....

2. ....

3. ....

So sorge ich für einen guten Tag ...

....

....

....

....

....

Positive Selbstbekräftigung

....

....

Wöchentliche Herausforderung

Wenn andere unfreundlich oder unfair zu dir sind, liegt der Grund dafür fast immer bei deinem Gegenüber: bei seiner üblen Laune, seiner Erziehung oder Ignoranz, seinem Bedürfnis, sich überlegen zu fühlen, seinem verzerrten oder unvollständigen Bild von dir oder einfach bei seinem schlechten Tag. Wenn es also selten etwas mit dir als Person zu tun hat, warum solltest du es dann persönlich nehmen?

Was habe ich heute Gutes für jemanden / für mich getan?

....

....

Was habe ich heute gelernt?

....

....

Tolle Dinge, die ich heute erlebt habe ...

1. ....

2. ....

3. ....

Mo Di Mi Do Fr Sa So ....

Ich bin dankbar für ...

1. ....
2. ....
3. ....

So sorge ich für einen guten Tag ...

....
....
....
....
....

Positive Selbstbekräftigung

....
....

Achte dich selbst, wenn du willst,
dass andere dich achten sollen!

Adolph Freiherr Knigge

Was habe ich heute Gutes für jemanden / für mich getan?

....
....

Was habe ich heute gelernt?

....
....

Tolle Dinge, die ich heute erlebt habe ...

1. ....
2. ....
3. ....

Mo Di Mi Do Fr Sa So ....

Ich bin dankbar für ...

1. ....

2. ....

3. ....

So sorge ich für einen guten Tag ...

....

....

....

....

....

Positive Selbstbekräftigung

....

....

Nutze die Talente, die du hast. Die Wälder wären sehr still, wenn nur die begabtesten Vögel sängen.

Henry van Dyke

Was habe ich heute Gutes für jemanden / für mich getan?

....

....

Was habe ich heute gelernt?

....

....

Tolle Dinge, die ich heute erlebt habe ...

1. ....

2. ....

3. ....

Mo Di Mi Do Fr Sa So ....

Ich bin dankbar für ...

1. ....
2. ....
3. ....

So sorge ich für einen guten Tag ...

Positive Selbstbekräftigung

Das Staunen ist eine Sehnsucht nach Wissen.

Thomas von Aquin

Was habe ich heute Gutes für jemanden / für mich getan?

Was habe ich heute gelernt?

Tolle Dinge, die ich heute erlebt habe ...

1. ....
2. ....
3. ....

Mo Di Mi Do Fr Sa So ....

Ich bin dankbar für ...

1. ....
2. ....
3. ....

So sorge ich für einen guten Tag ...

....

....

....

....

....

Positive Selbstbekräftigung

....

....

Deine erste Pflicht ist, dich selbst glücklich zu machen.
Bist du glücklich, machst du auch andere glücklich.
Ludwig Andreas Feuerbach

Was habe ich heute Gutes für jemanden / für mich getan?

....

....

Was habe ich heute gelernt?

....

....

Tolle Dinge, die ich heute erlebt habe ...

1. ....
2. ....
3. ....

Mo Di Mi Do Fr Sa So ....

Ich bin dankbar für ...

1. ....
2. ....
3. ....

So sorge ich für einen guten Tag ...

....
....
....
....
....

Positive Selbstbekräftigung

....
....

Wenn du erkennst, dass es dir an nichts fehlt,
gehört dir die ganze Welt.

Laotse

Was habe ich heute Gutes für jemanden / für mich getan?

....
....

Was habe ich heute gelernt?

....
....

Tolle Dinge, die ich heute erlebt habe ...

1. ....
2. ....
3. ....

Mo Di Mi Do Fr Sa So ....

Ich bin dankbar für ...

1. ....
2. ....
3. ....

So sorge ich für einen guten Tag ...

....
....
....
....
....

Positive Selbstbekräftigung

....
....

Die große Herausforderung des Lebens liegt darin,
die Grenzen in dir selbst zu überwinden und so weit zu gehen,
wie du dir niemals hättest träumen lassen.

Paul Gauguin

Was habe ich heute Gutes für jemanden / für mich getan?

....
....

Was habe ich heute gelernt?

....
....

Tolle Dinge, die ich heute erlebt habe ...

1. ....
2. ....
3. ....

MONATS-CHECK

Gesamtstimmung	1	2	3	4	5	6	7	8	9	10
Dankbarkeit	1	2	3	4	5	6	7	8	9	10
Achtsamkeit	1	2	3	4	5	6	7	8	9	10
Familie	1	2	3	4	5	6	7	8	9	10
Freunde	1	2	3	4	5	6	7	8	9	10
Partnerschaft	1	2	3	4	5	6	7	8	9	10
Spaß	1	2	3	4	5	6	7	8	9	10
Ruhe & Gelassenheit	1	2	3	4	5	6	7	8	9	10
Zeit für dich	1	2	3	4	5	6	7	8	9	10
Gesund essen	1	2	3	4	5	6	7	8	9	10
Wasser trinken	1	2	3	4	5	6	7	8	9	10
Sport	1	2	3	4	5	6	7	8	9	10
Nach draußen gehen	1	2	3	4	5	6	7	8	9	10
Gesundheit	1	2	3	4	5	6	7	8	9	10
Kreativität	1	2	3	4	5	6	7	8	9	10
Finanzen	1	2	3	4	5	6	7	8	9	10
Arbeit & Ausbildungen	1	2	3	4	5	6	7	8	9	10
Gedanken & Emotionen	1	2	3	4	5	6	7	8	9	10
Die Gegenwart	1	2	3	4	5	6	7	8	9	10
Die Zukunft	1	2	3	4	5	6	7	8	9	10

NOTIZEN ZUM MONAT

MONATLICHE 6 FRAGEN

Was würdest du tun, wenn du sicher wärst,
dass dich niemand dafür auslachen oder verurteilen wird?
Visualisiere die Situation und spüre, was du dabei empfindest.

Was sind die beiden schönsten Gedanken,
die du gerade haben kannst? Was genau fühlst du dabei?

Was in deinem Leben kommt gerade zu kurz?
Wie könntest du mehr davon in dein Leben bringen?

MONATLICHE 6 FRAGEN

Welche Eigenschaften schätzen andere am meisten an dir?
Und was schätzt du selbst am meisten an dir?

Wann bist du inspiriert und kreativ?
Bei welchen Tätigkeiten sprudeln Motivation und gute Ideen nur so aus dir heraus?

Welche lästige Gewohnheit raubt dir Lebensqualität und mit welcher positiven Gewohnheit kannst du sie ersetzen? Nutze den Gewohnheits-Tracker auf der übernächsten Seite, um diese neue Gewohnheit aufzubauen.

WOCHENREFLEXION

Meine Highlights & Erfolge der Woche:

Auf einer Skala von 1–10, wie glücklich war ich diese Woche und warum?

1 2 3 4 5 6 7 8 9 10

WOCHENPLANUNG

So sorge ich für eine gute Woche:

Berufsleben:	Privatleben:

Darauf freue ich mich:

1.
2.
3.

Glück entsteht oft
durch Aufmerksamkeit
in kleinen Dingen,
Unglück oft
durch Vernachlässigung
kleiner Dinge.

Wilhelm Busch

NOTIZEN & IDEEN

DEIN GEWOHNHEITS-TRACKER

Gewohnheit

	M	D	M	D	F	S	S
	○	○	○	○	○	○	○
	○	○	○	○	○	○	○
	○	○	○	○	○	○	○

Mo Di Mi Do Fr Sa So ....

Ich bin dankbar für ...

1. ....
2. ....
3. ....

So sorge ich für einen guten Tag ...

....
....
....
....
....

Positive Selbstbekräftigung

....
....

Wöchentliche Herausforderung

Wann hast du das letzte Mal etwas Tolles geleistet? Sicherlich hat dir jemand dabei geholfen – egal wie klitzeklein oder selbstverständlich die Hilfestellung war. Verliere den Wert der Wertschätzung nicht aus den Augen: Bedanke dich in dieser Woche bei all deinen Unterstützern und biete auch ihnen deine Hilfe an.

Was habe ich heute Gutes für jemanden / für mich getan?

....
....

Was habe ich heute gelernt?

....
....

Tolle Dinge, die ich heute erlebt habe ...

1. ....
2. ....
3. ....

Mo Di Mi Do Fr Sa So ....

Ich bin dankbar für ...

1. ....
2. ....
3. ....

So sorge ich für einen guten Tag ...

....

....

....

....

....

Positive Selbstbekräftigung

....

....

Von allen Geschenken, die uns das Schicksal gewährt,
gibt es kein größeres Gut als die Freundschaft –
keinen größeren Reichtum, keine größere Freude.

Epikur

Was habe ich heute Gutes für jemanden / für mich getan?

....

....

Was habe ich heute gelernt?

....

....

Tolle Dinge, die ich heute erlebt habe ...

1. ....
2. ....
3. ....

Mo Di Mi Do Fr Sa So ....

Ich bin dankbar für …

1. ....
2. ....
3. ....

So sorge ich für einen guten Tag …

....
....
....
....
....

Positive Selbstbekräftigung

....
....

Wie bei einem Theaterstück kommt es beim Leben nicht darauf an,
wie lange es dauert, sondern wie gut es gespielt wird.

Seneca

Was habe ich heute Gutes für jemanden / für mich getan?

....
....

Was habe ich heute gelernt?

....
....

Tolle Dinge, die ich heute erlebt habe …

1. ....
2. ....
3. ....

Mo Di Mi Do Fr Sa So ....

Ich bin dankbar für ...

1. ....

2. ....

3. ....

So sorge ich für einen guten Tag ...

Positive Selbstbekräftigung

Die einzige Begrenzung, das Morgen zu verwirklichen,
werden unsere Zweifel von heute sein.

Franklin D. Roosevelt

Was habe ich heute Gutes für jemanden / für mich getan?

Was habe ich heute gelernt?

Tolle Dinge, die ich heute erlebt habe ...

1. ....

2. ....

3. ....

Mo Di Mi Do Fr Sa So ....

Ich bin dankbar für ...

1. ....

2. ....

3. ....

So sorge ich für einen guten Tag ...

Positive Selbstbekräftigung

Alle Dunkelheit der Welt reicht nicht, um das Licht
einer einzigen kleinen Kerze auszulöschen.

Chinesisches Sprichwort

Was habe ich heute Gutes für jemanden / für mich getan?

Was habe ich heute gelernt?

Tolle Dinge, die ich heute erlebt habe ...

1. ....

2. ....

3. ....

Mo Di Mi Do Fr Sa So ....

Ich bin dankbar für ...

1. ....
2. ....
3. ....

So sorge ich für einen guten Tag ...

....

....

....

....

....

Positive Selbstbekräftigung

....

....

Dankbarkeit
macht das Leben erst reich.

Dietrich Bonhoeffer

Was habe ich heute Gutes für jemanden / für mich getan?

....

....

Was habe ich heute gelernt?

....

....

Tolle Dinge, die ich heute erlebt habe ...

1. ....
2. ....
3. ....

Mo Di Mi Do Fr Sa So ....

Ich bin dankbar für ...

1. ....

2. ....

3. ....

So sorge ich für einen guten Tag ...

....

....

....

....

....

Positive Selbstbekräftigung

....

....

Der höchste Lohn für unsere Bemühungen ist nicht das,
was wir dafür bekommen, sondern das, was wir dadurch werden.

John Ruskin

Was habe ich heute Gutes für jemanden / für mich getan?

....

....

Was habe ich heute gelernt?

....

....

Tolle Dinge, die ich heute erlebt habe ...

1. ....

2. ....

3. ....

WOCHENREFLEXION

Meine Highlights & Erfolge der Woche:

Auf einer Skala von 1–10, wie glücklich war ich diese Woche und warum?

1 2 3 4 5 6 7 8 9 10

WOCHENPLANUNG

So sorge ich für eine gute Woche:

Berufsleben:

Privatleben:

Darauf freue ich mich:

1.
2.
3.

NOTIZEN & IDEEN

DEIN GEWOHNHEITS-TRACKER

Gewohnheit	M	D	M	D	F	S	S
	O	O	O	O	O	O	O
	O	O	O	O	O	O	O
	O	O	O	O	O	O	O

Mo Di Mi Do Fr Sa So ....

Ich bin dankbar für ...

1. ....
2. ....
3. ....

So sorge ich für einen guten Tag ...

....
....
....
....
....

Positive Selbstbekräftigung

....
....

Wöchentliche Herausforderung

Ein guter Start ist ziemlich smart: Vereinbare diese Woche mit jemandem, eure Unterhaltungen ausnahmslos mit einem schönen Moment des Tages zu starten, anstatt sich direkt über Dinge zu beschweren. Beobachte dabei den Wandel eurer Stimmung und die Veränderung in eurem Verhältnis zueinander.

Was habe ich heute Gutes für jemanden / für mich getan?

....
....

Was habe ich heute gelernt?

....
....

Tolle Dinge, die ich heute erlebt habe ...

1. ....
2. ....
3. ....

Mo Di Mi Do Fr Sa So ....

Ich bin dankbar für ...

1. ....
2. ....
3. ....

So sorge ich für einen guten Tag ...

....

....

....

....

....

Positive Selbstbekräftigung

....

....

Wir können den Wind nicht ändern,
aber die Segel richtig setzen.

Aristoteles

Was habe ich heute Gutes für jemanden / für mich getan?

....

....

Was habe ich heute gelernt?

....

....

Tolle Dinge, die ich heute erlebt habe ...

1. ....
2. ....
3. ....

Du selbst zu sein in einer Welt, die ständig einen anderen aus dir machen will, ist der größte Erfolg von allen.

Ralph Waldo Emerson

66 Tage

… und das 6-Minuten-Tagebuch Pur *ist wieder Teil von dir.*

Optimismus, Proaktivität, Dankbarkeit, Achtsamkeit, Fokus auf das, was dir wirklich guttut … All diese vorteilhaften Gewohnheiten sind momentan Teil von dir und werden es auch bleiben, solange du täglich ein paar neue Fäden spinnst, um dein Leben mit diesem Netz positiver Gewohnheiten zu bedecken.

Gewohnheit wird zur zweiten Natur
Cicero

Neue Gewohnheiten sind nach durchschnittlich 66 Tagen verwurzelt und somit Teil deines Lebens.[16] Ruh dich einen Moment auf deinen Lorbeeren aus, denn die Software wünschenswerter Gewohnheiten ist nun installiert. Spätestens ab heute gehört das *6-Minuten-Tagebuch Pur* zu dir! Natürlich ist die Zeitangabe von 66 Tagen nicht punktgenau, in jedem Fall aber bist du auf dem goldrichtigen Weg!

Das klingt alles wunderbar, aber …

… was passiert eigentlich mit deinen alten, unerwünschten Gewohnheiten? Verschwinden diese irgendwann automatisch? Leider nicht, denn jede verwurzelte Gewohnheit – egal ob alt oder neu – hinterlässt eine feste neuronale Struktur in deinem Gehirn[17], eine Art «neuronale Kassette». Diese Kassette wird in den Gehirnarealen archiviert, die unter anderem für den Aufbau von Gewohnheiten verantwortlich sind, den sogenannten Basalganglien. Da sich das Tonband dieser Kassette nicht mehr löschen lässt, empfiehlt es sich, eine neue Kassette einzulegen, wenn du die Musik darauf nicht mehr hören möchtest. Und jetzt noch mal ganz ohne Kassetten-Analogien: Da alte Gewohnheiten im Gehirn verwurzelt sind, kannst du sie am besten loswerden, indem du sie mit neuen positiven Gewohnheiten überlagerst. Auch wenn du bereits erfolgreich dabei bist, sind ungewollte Gewohnheiten aus der Vergangenheit dauernd auf der Lauer. Sie sind permanent bereit, wieder aktiviert zu werden, sobald du den Fokus auf die Aufrechterhaltung deiner positiven Gewohnheiten verlierst.[18] Aus diesem Grund sollten wir konstant und proaktiv sicherstellen, dass unsere alten Kassetten nicht mehr abgespielt werden und wir so nicht mehr in alte Verhaltensmuster zurückfallen. Wenn du das für all deine Lebensbereiche im Hinterkopf behältst, wird es dir langfristig auch leichter fallen, die Macht der Gewohnheit zu deinen Gunsten zu nutzen.

Wie schon Albert Schweitzer wusste: «Das Glück ist das einzige. was sich doppelt, wenn man es teilt.»

Wenn du dein Glück doppeln möchtest, dann lass uns gerne an deinem Erfolg teilhaben.

Mach einen Schnappschuss von deinem Schmuckstück und markiere uns auf Instagram:

#6minutentagebuch
@dominikspenst

Gewohnheit wird durch Gewohnheit überwunden.

Thomas von Kempen

Mo Di Mi Do Fr Sa So ....

Ich bin dankbar für ...

1. ....
2. ....
3. ....

So sorge ich für einen guten Tag ...

Positive Selbstbekräftigung

Ob du glaubst, du schaffst es, oder du glaubst,
du schaffst es nicht – du wirst auf alle Fälle recht haben.

Henry Ford

Was habe ich heute Gutes für jemanden / für mich getan?

Was habe ich heute gelernt?

Tolle Dinge, die ich heute erlebt habe ...

1. ....
2. ....
3. ....

Mo Di Mi Do Fr Sa So ....

Ich bin dankbar für ...

1. ....
2. ....
3. ....

So sorge ich für einen guten Tag ...

....

....

....

....

....

Positive Selbstbekräftigung

....

....

Sobald man in einer Sache Meister geworden ist,
soll man in einer neuen Schüler werden.

Gerhart Hauptmann

Was habe ich heute Gutes für jemanden / für mich getan?

....

....

Was habe ich heute gelernt?

....

....

Tolle Dinge, die ich heute erlebt habe ...

1. ....
2. ....
3. ....

Mo Di Mi Do Fr Sa So ....

Ich bin dankbar für ...

1. ....
2. ....
3. ....

So sorge ich für einen guten Tag ...

....
....
....
....
....

Positive Selbstbekräftigung

....
....

Was kann süßer sein als einen Freund haben,
mit dem du alles, was in deinem Herzen ist,
besprechen kannst wie mit dir selbst?

Meister Eckhart

Was habe ich heute Gutes für jemanden / für mich getan?

....
....

Was habe ich heute gelernt?

....
....

Tolle Dinge, die ich heute erlebt habe ...

1. ....
2. ....
3. ....

Mo Di Mi Do Fr Sa So ....

Ich bin dankbar für ...

1. ....
2. ....
3. ....

So sorge ich für einen guten Tag ...

....

....

....

....

....

Positive Selbstbekräftigung

....

....

Die Macht der Vorstellungskraft macht uns grenzenlos.

John Muir

Was habe ich heute Gutes für jemanden / für mich getan?

....

....

Was habe ich heute gelernt?

....

....

Tolle Dinge, die ich heute erlebt habe ...

1. ....
2. ....
3. ....

Mo Di Mi Do Fr Sa So ....

Ich bin dankbar für ...

1. ....
2. ....
3. ....

So sorge ich für einen guten Tag ...

....
....
....
....
....

Positive Selbstbekräftigung

....
....

Die witzigsten Autoren
erzeugen das kaum bemerkbarste Lächeln.
Friedrich Nietzsche

Was habe ich heute Gutes für jemanden / für mich getan?

....
....

Was habe ich heute gelernt?

....
....

Tolle Dinge, die ich heute erlebt habe ...

1. ....
2. ....
3. ....

WOCHENREFLEXION

Meine Highlights & Erfolge der Woche:

Auf einer Skala von 1–10, wie glücklich war ich diese Woche und warum?

1 2 3 4 5 6 7 8 9 10

WOCHENPLANUNG

So sorge ich für eine gute Woche:

Berufsleben:	Privatleben:

Darauf freue ich mich:

1.
2.
3.

NOTIZEN & IDEEN

DEIN GEWOHNHEITS-TRACKER

Gewohnheit	M	D	M	D	F	S	S
	O	O	O	O	O	O	O
	O	O	O	O	O	O	O
	O	O	O	O	O	O	O

Mo Di Mi Do Fr Sa So ....

Ich bin dankbar für ...

1. ....
2. ....
3. ....

So sorge ich für einen guten Tag ...

....
....
....
....
....

Positive Selbstbekräftigung

....
....

Wöchentliche Herausforderung

Musik bringt verschiedene Bereiche des gesamten Gehirns zusammen. Sie kann Stress abbauen, unser Immunsystem stärken, uns zu Höchstleistungen treiben u.v.m.[19] Erstelle Playlists zu verschiedenen Gemütslagen (Motivation beim Sport, Trösten bei Liebeskummer, Fokus beim Arbeiten, ...), die du stetig erweiterst. So bist du gut ausgestattet, um dein Wohlbefinden in jeder Lebenslage zu steigern.

Was habe ich heute Gutes für jemanden / für mich getan?

....
....

Was habe ich heute gelernt?

....
....

Tolle Dinge, die ich heute erlebt habe ...

1. ....
2. ....
3. ....

Mo Di Mi Do Fr Sa So ....

Ich bin dankbar für ...

1. ....
2. ....
3. ....

So sorge ich für einen guten Tag ...

....

....

....

....

....

Positive Selbstbekräftigung

....

....

Es schwinden jedes Kummers Falten,
solang des Liedes Zauber walten.

Friedrich von Schiller

Was habe ich heute Gutes für jemanden / für mich getan?

....

....

Was habe ich heute gelernt?

....

....

Tolle Dinge, die ich heute erlebt habe ...

1. ....
2. ....
3. ....

Mo Di Mi Do Fr Sa So ....

Ich bin dankbar für ...

1. ....
2. ....
3. ....

So sorge ich für einen guten Tag ...

....

....

....

....

....

Positive Selbstbekräftigung

....

....

Was man zu verstehen gelernt hat,
fürchtet man nicht mehr.

Marie Curie

Was habe ich heute Gutes für jemanden / für mich getan?

....

....

Was habe ich heute gelernt?

....

....

Tolle Dinge, die ich heute erlebt habe ...

1. ....
2. ....
3. ....

Mo Di Mi Do Fr Sa So ………………

Ich bin dankbar für …

1. ……………………………………………
2. ……………………………………………
3. ……………………………………………

So sorge ich für einen guten Tag …

……………………………………………

……………………………………………

……………………………………………

……………………………………………

……………………………………………

Positive Selbstbekräftigung

……………………………………………

……………………………………………

So lang ist keine Nacht, dass endlich
nicht der helle Morgen lacht.

William Shakespeare

Was habe ich heute Gutes für jemanden / für mich getan?

……………………………………………

……………………………………………

Was habe ich heute gelernt?

……………………………………………

……………………………………………

Tolle Dinge, die ich heute erlebt habe …

1. ……………………………………………
2. ……………………………………………
3. ……………………………………………

Mo Di Mi Do Fr Sa So ....

Ich bin dankbar für ...

1. ....
2. ....
3. ....

So sorge ich für einen guten Tag ...

Positive Selbstbekräftigung

Denke lieber an das, was du hast,
als an das, was dir fehlt.
Mark Aurel

Was habe ich heute Gutes für jemanden / für mich getan?

Was habe ich heute gelernt?

Tolle Dinge, die ich heute erlebt habe ...

1. ....
2. ....
3. ....

Mo Di Mi Do Fr Sa So ....

Ich bin dankbar für ...

1. ....
2. ....
3. ....

So sorge ich für einen guten Tag ...

....
....
....
....
....

Positive Selbstbekräftigung

....
....

Wenn du die Welt verändern willst, beginne mit dem Menschen, den du jeden Morgen im Spiegel siehst.

Simone Weil

Was habe ich heute Gutes für jemanden / für mich getan?

....
....

Was habe ich heute gelernt?

....
....

Tolle Dinge, die ich heute erlebt habe ...

1. ....
2. ....
3. ....

Mo Di Mi Do Fr Sa So ....

Ich bin dankbar für ...

1. ....
2. ....
3. ....

So sorge ich für einen guten Tag ...

....
....
....
....
....

Positive Selbstbekräftigung

....
....

Alles, was ein Mensch sich vorzustellen vermag,
werden andere Menschen verwirklichen können.

Jules Verne

Was habe ich heute Gutes für jemanden / für mich getan?

....
....

Was habe ich heute gelernt?

....
....

Tolle Dinge, die ich heute erlebt habe ...

1. ....
2. ....
3. ....

WOCHENREFLEXION

Meine Highlights & Erfolge der Woche:

Auf einer Skala von 1–10, wie glücklich war ich diese Woche und warum?

1 2 3 4 5 6 7 8 9 10

WOCHENPLANUNG

So sorge ich für eine gute Woche:

Berufsleben:	Privatleben:

Darauf freue ich mich:

1.
2.
3.

NOTIZEN & IDEEN

DEIN GEWOHNHEITS-TRACKER

Gewohnheit	M	D	M	D	F	S	S
	○	○	○	○	○	○	○
	○	○	○	○	○	○	○
	○	○	○	○	○	○	○

Mo Di Mi Do Fr Sa So ....

Ich bin dankbar für ...

1. ....
2. ....
3. ....

So sorge ich für einen guten Tag ...

....

Positive Selbstbekräftigung

....

Wöchentliche Herausforderung

Bist du ein Logiker, Mediator, Konsul oder eher ein Abenteurer? Möchtest du dich und deine Eigenarten ein bisschen besser verstehen? Dann ist der »16 Personalities Test« in jedem Fall gut investierte Zeit. Der Test ist nicht unumstritten, aber in jedem Fall einen Versuch wert. Du wärst nicht der Erste, für den die Ergebnisse überraschend aufschlussreich sind.

Was habe ich heute Gutes für jemanden / für mich getan?

....

Was habe ich heute gelernt?

....

Tolle Dinge, die ich heute erlebt habe ...

1. ....
2. ....
3. ....

Mo Di Mi Do Fr Sa So ....

Ich bin dankbar für ...

1. ....

2. ....

3. ....

So sorge ich für einen guten Tag ...

....

....

....

....

....

Positive Selbstbekräftigung

....

....

Nur die allergescheitesten Leute benutzen ihren Scharfsinn
zur Beurteilung nicht bloß anderer, sondern auch ihrer selbst.

Marie von Ebner-Eschenbach

Was habe ich heute Gutes für jemanden / für mich getan?

....

....

Was habe ich heute gelernt?

....

....

Tolle Dinge, die ich heute erlebt habe ...

1. ....

2. ....

3. ....

Mo Di Mi Do Fr Sa So ....

Ich bin dankbar für ...

1. ....

2. ....

3. ....

So sorge ich für einen guten Tag ...

....

....

....

....

....

Positive Selbstbekräftigung

....

....

Glücklich ist, wer vergisst,
was nicht mehr zu ändern ist.
Johann Strauss

Was habe ich heute Gutes für jemanden / für mich getan?

....

....

Was habe ich heute gelernt?

....

....

Tolle Dinge, die ich heute erlebt habe ...

1. ....

2. ....

3. ....

Mo Di Mi Do Fr Sa So ....

Ich bin dankbar für ...

1. ....
2. ....
3. ....

So sorge ich für einen guten Tag ...

....

....

....

....

....

Positive Selbstbekräftigung

....

....

Auch eine schwere Tür
hat nur einen kleinen Schlüssel nötig.
Charles Dickens

Was habe ich heute Gutes für jemanden / für mich getan?

....

....

Was habe ich heute gelernt?

....

....

Tolle Dinge, die ich heute erlebt habe ...

1. ....
2. ....
3. ....

Mo Di Mi Do Fr Sa So ....

Ich bin dankbar für ...

1. ....
2. ....
3. ....

So sorge ich für einen guten Tag ...

....

....

....

....

....

Positive Selbstbekräftigung

....

....

Fordere viel von dir selbst und erwarte wenig von den anderen. So wird dir Ärger erspart bleiben.

Konfuzius

Was habe ich heute Gutes für jemanden / für mich getan?

....

....

Was habe ich heute gelernt?

....

....

Tolle Dinge, die ich heute erlebt habe ...

1. ....
2. ....
3. ....

Mo Di Mi Do Fr Sa So ....

Ich bin dankbar für ...

1. ....
2. ....
3. ....

So sorge ich für einen guten Tag ...

....
....
....
....
....

Positive Selbstbekräftigung

....
....

Ideale sind wie Sterne. Man kann sie nicht erreichen,
aber man kann sich an ihnen orientieren.
Carl Schurz

Was habe ich heute Gutes für jemanden / für mich getan?

....
....

Was habe ich heute gelernt?

....
....

Tolle Dinge, die ich heute erlebt habe ...

1. ....
2. ....
3. ....

Mo Di Mi Do Fr Sa So ....

Ich bin dankbar für …

1. ....
2. ....
3. ....

So sorge ich für einen guten Tag …

....

....

....

....

....

Positive Selbstbekräftigung

....

....

Nichts ist besonders schwer,
wenn du es in kleine Aufgaben teilst.

Henry Ford

Was habe ich heute Gutes für jemanden / für mich getan?

....

....

Was habe ich heute gelernt?

....

....

Tolle Dinge, die ich heute erlebt habe …

1. ....
2. ....
3. ....

MONATS-CHECK

Gesamtstimmung	1	2	3	4	5	6	7	8	9	10
Dankbarkeit	1	2	3	4	5	6	7	8	9	10
Achtsamkeit	1	2	3	4	5	6	7	8	9	10
Familie	1	2	3	4	5	6	7	8	9	10
Freunde	1	2	3	4	5	6	7	8	9	10
Partnerschaft	1	2	3	4	5	6	7	8	9	10
Spaß	1	2	3	4	5	6	7	8	9	10
Ruhe & Gelassenheit	1	2	3	4	5	6	7	8	9	10
Zeit für dich	1	2	3	4	5	6	7	8	9	10
Gesund essen	1	2	3	4	5	6	7	8	9	10
Wasser trinken	1	2	3	4	5	6	7	8	9	10
Sport	1	2	3	4	5	6	7	8	9	10
Nach draußen gehen	1	2	3	4	5	6	7	8	9	10
Gesundheit	1	2	3	4	5	6	7	8	9	10
Kreativität	1	2	3	4	5	6	7	8	9	10
Finanzen	1	2	3	4	5	6	7	8	9	10
Arbeit & Ausbildungen	1	2	3	4	5	6	7	8	9	10
Gedanken & Emotionen	1	2	3	4	5	6	7	8	9	10
Die Gegenwart	1	2	3	4	5	6	7	8	9	10
Die Zukunft	1	2	3	4	5	6	7	8	9	10

NOTIZEN ZUM MONAT

MONATLICHE 6 FRAGEN

Beschreibe eine mutige Lebensentscheidung, die du getroffen hast. Welche mutige Entscheidung könntest du als Nächstes treffen?

Was ist gerade deine größte Sorge? Stell dir vor, diese Sorge wäre die deines besten Freundes. Welchen Rat würdest du ihm geben?

Welche deiner vermeintlichen Schwächen könnte eine Stärke sein und warum?

MONATLICHE 6 FRAGEN

Womit stresst du dich momentan? Wird das in 5 Jahren noch von Bedeutung sein? Wie schaut es in 5 Wochen aus? Oder sogar in 5 Tagen?

Mit welchen fünf Menschen verbringst du momentan die meiste Zeit? Tun dir diese Menschen gut und tust du ihnen gut?

Was steht zwischen dir und deinem idealen Leben?

WOCHENREFLEXION

Meine Highlights & Erfolge der Woche:

Auf einer Skala von 1–10, wie glücklich war ich diese Woche und warum?

1 2 3 4 5 6 7 8 9 10

WOCHENPLANUNG

So sorge ich für eine gute Woche:

Berufsleben:	Privatleben:

Darauf freue ich mich:

1.
2.
3.

NOTIZEN & IDEEN

DEIN GEWOHNHEITS-TRACKER

Gewohnheit

	M	D	M	D	F	S	S
	○	○	○	○	○	○	○
	○	○	○	○	○	○	○
	○	○	○	○	○	○	○

Mo Di Mi Do Fr Sa So ....

Ich bin dankbar für ...

1. ....
2. ....
3. ....

So sorge ich für einen guten Tag ...

....

Positive Selbstbekräftigung

....

Wöchentliche Herausforderung

Diese Herausforderung ist eine unserer absoluten Lieblinge: In dieser Woche bist du das positive Gegenstück. Wenn du mitbekommst, wie abfällig über jemanden gesprochen wird, bist du derjenige, der etwas Nettes über diese Person sagt.

Was habe ich heute Gutes für jemanden / für mich getan?

....

Was habe ich heute gelernt?

....

Tolle Dinge, die ich heute erlebt habe ...

1. ....
2. ....
3. ....

Mo Di Mi Do Fr Sa So ....

Ich bin dankbar für ...

1. ....

2. ....

3. ....

So sorge ich für einen guten Tag ...

....

....

....

....

....

Positive Selbstbekräftigung

....

....

Wer Bäume setzt, obwohl er weiß, dass er nie in ihremSchatten sitzen wird, hat zumindest angefangen, den Sinn des Lebens zu begreifen.

Rabindranath Tagore

Was habe ich heute Gutes für jemanden / für mich getan?

....

....

Was habe ich heute gelernt?

....

....

Tolle Dinge, die ich heute erlebt habe ...

1. ....

2. ....

3. ....

Mo Di Mi Do Fr Sa So ....

Ich bin dankbar für ...

1. ....
2. ....
3. ....

So sorge ich für einen guten Tag ...

....

Positive Selbstbekräftigung

....

Wir denken selten an das, was wir haben,
aber immer an das, was uns fehlt.

Arthur Schopenhauer

Was habe ich heute Gutes für jemanden / für mich getan?

....

Was habe ich heute gelernt?

....

Tolle Dinge, die ich heute erlebt habe ...

1. ....
2. ....
3. ....

Mo Di Mi Do Fr Sa So ....

Ich bin dankbar für ...

1. ....
2. ....
3. ....

So sorge ich für einen guten Tag ...

....

....

....

....

....

Positive Selbstbekräftigung

....

....

Der beste Weg etwas zu lieben:
Realisieren, dass man es verlieren kann.
Gilbert Keith Chesterton

Was habe ich heute Gutes für jemanden / für mich getan?

....

....

Was habe ich heute gelernt?

....

....

Tolle Dinge, die ich heute erlebt habe ...

1. ....
2. ....
3. ....

Mo Di Mi Do Fr Sa So ....

Ich bin dankbar für ...

1. ....
2. ....
3. ....

So sorge ich für einen guten Tag ...

....
....
....
....
....

Positive Selbstbekräftigung

....
....

Menschen mit einer neuen Idee gelten so lange als Spinner,
bis sich die Sache durchgesetzt hat.

Mark Twain

Was habe ich heute Gutes für jemanden / für mich getan?

....
....

Was habe ich heute gelernt?

....
....

Tolle Dinge, die ich heute erlebt habe ...

1. ....
2. ....
3. ....

Mo Di Mi Do Fr Sa So ....

Ich bin dankbar für ...

1. ....

2. ....

3. ....

So sorge ich für einen guten Tag ...

....

....

....

....

....

Positive Selbstbekräftigung

....

....

Der Kluge lernt aus allem und von jedem, der Normale
aus seinen Erfahrungen, und der Dumme weiß alles besser.

Sokrates

Was habe ich heute Gutes für jemanden / für mich getan?

....

....

Was habe ich heute gelernt?

....

....

Tolle Dinge, die ich heute erlebt habe ...

1. ....

2. ....

3. ....

Mo Di Mi Do Fr Sa So ....

Ich bin dankbar für ...

1. ....
2. ....
3. ....

So sorge ich für einen guten Tag ...

....
....
....
....
....

Positive Selbstbekräftigung

....
....

Das Ziel des Lebens ist Selbstentwicklung.
Das eigene Wesen völlig zur Entfaltung zu bringen,
das ist unsere Bestimmung.

Oscar Wilde

Was habe ich heute Gutes für jemanden / für mich getan?

....
....

Was habe ich heute gelernt?

....
....

Tolle Dinge, die ich heute erlebt habe ...

1. ....
2. ....
3. ....

WOCHENREFLEXION

Meine Highlights & Erfolge der Woche:

Auf einer Skala von 1–10, wie glücklich war ich diese Woche und warum?

1 2 3 4 5 6 7 8 9 10

WOCHENPLANUNG

So sorge ich für eine gute Woche:

Berufsleben:

Privatleben:

Darauf freue ich mich:

1.

2.

3.

NOTIZEN & IDEEN

DEIN GEWOHNHEITS-TRACKER

Gewohnheit	M	D	M	D	F	S	S
	O	O	O	O	O	O	O
	O	O	O	O	O	O	O
	O	O	O	O	O	O	O

Mo Di Mi Do Fr Sa So ………………

Ich bin dankbar für …

1. ……………………………………………………………………………
2. ……………………………………………………………………………
3. ……………………………………………………………………………

So sorge ich für einen guten Tag …

……………………………………………………………………………

……………………………………………………………………………

……………………………………………………………………………

……………………………………………………………………………

……………………………………………………………………………

Positive Selbstbekräftigung

……………………………………………………………………………

……………………………………………………………………………

Wöchentliche Herausforderung

Möchtest du manchmal etwas ausprobieren – z. B. einen neuen Look oder ein neues Hobby –, aber du lässt es, weil es nicht zu dir passt? Denk darüber nach, warum du so empfindest. Kommt das wirklich von dir oder von anderen? Fürchte dich nicht vor deiner Individualität und gib dich dir selbst hin.

Was habe ich heute Gutes für jemanden / für mich getan?

……………………………………………………………………………

……………………………………………………………………………

Was habe ich heute gelernt?

……………………………………………………………………………

……………………………………………………………………………

Tolle Dinge, die ich heute erlebt habe …

1. ……………………………………………………………………………
2. ……………………………………………………………………………
3. ……………………………………………………………………………

Mo Di Mi Do Fr Sa So ....

Ich bin dankbar für ...

1. ....
2. ....
3. ....

So sorge ich für einen guten Tag ...

....

....

....

....

....

Positive Selbstbekräftigung

....

....

Du bist deine Grenze.
Erhebe dich darüber.

Schamsoddin Mohammad Hafes

Was habe ich heute Gutes für jemanden / für mich getan?

....

....

Was habe ich heute gelernt?

....

....

Tolle Dinge, die ich heute erlebt habe ...

1. ....
2. ....
3. ....

Mo Di Mi Do Fr Sa So ....

Ich bin dankbar für ...

1. ....
2. ....
3. ....

So sorge ich für einen guten Tag ...

....

....

....

....

....

Positive Selbstbekräftigung

....

....

Lebensklugheit bedeutet, alle Dinge möglichst wichtig,
aber keines völlig ernst zu nehmen.

Arthur Schnitzler

Was habe ich heute Gutes für jemanden / für mich getan?

....

....

Was habe ich heute gelernt?

....

....

Tolle Dinge, die ich heute erlebt habe ...

1. ....
2. ....
3. ....

Mo Di Mi Do Fr Sa So ....

Ich bin dankbar für ...

1. ....
2. ....
3. ....

So sorge ich für einen guten Tag ...

....
....
....
....
....

Positive Selbstbekräftigung

....
....

Nicht den Tod sollte man fürchten,
sondern dass man nie beginnen wird zu leben.

Marc Aurel

Was habe ich heute Gutes für jemanden / für mich getan?

....
....

Was habe ich heute gelernt?

....
....

Tolle Dinge, die ich heute erlebt habe ...

1. ....
2. ....
3. ....

Mo Di Mi Do Fr Sa So ....

Ich bin dankbar für ...

1. ....

2. ....

3. ....

So sorge ich für einen guten Tag ...

....

....

....

....

....

Positive Selbstbekräftigung

....

....

Das größte Vergnügen im Leben ist, etwas zu tun,
was man nach Meinung der Leute nicht erreichen kann.

Walter Bagehot

Was habe ich heute Gutes für jemanden / für mich getan?

....

....

Was habe ich heute gelernt?

....

....

Tolle Dinge, die ich heute erlebt habe ...

1. ....

2. ....

3. ....

Mo Di Mi Do Fr Sa So ....

Ich bin dankbar für ...

1. ....
2. ....
3. ....

So sorge ich für einen guten Tag ...

....
....
....
....
....

Positive Selbstbekräftigung

....
....

Man muss durch die Nacht wandern,
wenn man die Morgenröte sehen will.

Khalil Gibran

Was habe ich heute Gutes für jemanden / für mich getan?

....
....

Was habe ich heute gelernt?

....
....

Tolle Dinge, die ich heute erlebt habe ...

1. ....
2. ....
3. ....

Mo Di Mi Do Fr Sa So ....

Ich bin dankbar für ...

1. ....

2. ....

3. ....

So sorge ich für einen guten Tag ...

Positive Selbstbekräftigung

Wenn du ein Problem hast, versuche es zu lösen.
Kannst du es nicht lösen, dann mache kein Problem daraus.

Buddha

Was habe ich heute Gutes für jemanden / für mich getan?

Was habe ich heute gelernt?

Tolle Dinge, die ich heute erlebt habe ...

1. ....

2. ....

3. ....

WOCHENREFLEXION

Meine Highlights & Erfolge der Woche:

Auf einer Skala von 1–10, wie glücklich war ich diese Woche und warum?

1 2 3 4 5 6 7 8 9 10

WOCHENPLANUNG

So sorge ich für eine gute Woche:

Berufsleben:	Privatleben:

Darauf freue ich mich:

1.
2.
3.

NOTIZEN & IDEEN

DEIN GEWOHNHEITS-TRACKER

Gewohnheit	M	D	M	D	F	S	S
	○	○	○	○	○	○	○
	○	○	○	○	○	○	○
	○	○	○	○	○	○	○

Der Humor nimmt
die Welt hin, wie sie ist,
sucht sie nicht zu verbessern
und zu belehren,
sondern mit Weisheit
zu ertragen.

Charles Dickens

Schon Halbzeit

... wie schnell das geht!

Das große Glück liegt in den kleinen Dingen und ist uns daher meist viel näher, als uns bewusst ist. Selbst wenn wir uns in der Theorie darüber im Klaren sind, verleitet uns der alltägliche Trubel allzu oft dazu, diese Tatsache im realen Leben immer wieder zu vergessen. Zwischen tonnenweise Verpflichtungen und haufenweise Dingen, die gerade nicht exakt so laufen, wie wir es uns vorstellen, kann es leichtfallen, die tollen Kleinigkeiten des Alltags aus den Augen zu verlieren. Auch wenn «Achtsamkeit für die kleinen Dinge» in aller Munde ist, ist sie längst noch nicht in allen Köpfen.

Kummer lässt sich allein tragen. Für das Glück sind zwei Menschen erforderlich.
Elbert Hubbard

Ein ganz großes Ziel der täglichen 6-Minuten-Routine ist es, ein stärkeres und langfristiges Bewusstsein für die kleinen Erfolge und Glücksmomente zu entwickeln und so sicherzustellen, dass das Gute auch im stressigen Alltag nicht untergeht. Zahlreiche Studien mit Gehirnscans, aber auch die individuellen Erfahrungsberichte unserer Nutzer zeigen: Je regelmäßiger man dieses Bewusstsein trainiert und verinnerlicht, desto langfristiger und intensiver ist das damit verbundene positive Lebensgefühl.

Genug der Theorie, wie sieht es in der Praxis aus? Hat sich dein Blick für die kleinen Dinge im Leben geschärft? Bewegst du dich mittlerweile achtsamer durch deinen Alltag und bemerkst Dinge, die dir vorher nicht aufgefallen wären? Hast du nicht oftmals direkt den Wunsch, die schönen Erlebnisse deines Tages in deiner Abendroutine niederzuschreiben, und trägst sie dadurch wie kleine Schätze den ganzen Tag über mit dir?

Mo Di Mi Do Fr Sa So ....

Ich bin dankbar für ...

1. ....
2. ....
3. ....

So sorge ich für einen guten Tag ...

....

....

....

....

....

Positive Selbstbekräftigung

....

....

Wöchentliche Herausforderung

Wie oft schwirren dir Ideen und Geistesblitze durch den Kopf, die du in Windeseile wieder vergisst? Zu schade! Halte diese Einfälle direkt in einem kleinen Notizbuch oder auf deinem Handy fest. Unzählige erfolgreiche Menschen wie z. B. Bill Gates, Sheryl Sandberg, J. K. Rowling oder Richard Branson teilen diese Gewohnheit.

Was habe ich heute Gutes für jemanden / für mich getan?

....

....

Was habe ich heute gelernt?

....

....

Tolle Dinge, die ich heute erlebt habe ...

1. ....
2. ....
3. ....

Mo Di Mi Do Fr Sa So ....

Ich bin dankbar für ...

1. ......
2. ......
3. ......

So sorge ich für einen guten Tag ...

Positive Selbstbekräftigung

Selbst der Fleißigste ist ohne Phantasie nichts.

Heinrich Schliemann

Was habe ich heute Gutes für jemanden / für mich getan?

Was habe ich heute gelernt?

Tolle Dinge, die ich heute erlebt habe ...

1. ......
2. ......
3. ......

Mo Di Mi Do Fr Sa So ....

Ich bin dankbar für ...

1. ....
2. ....
3. ....

So sorge ich für einen guten Tag ...

....
....
....
....
....

Positive Selbstbekräftigung

....
....

Die meisten Menschen sind so glücklich,
wie sie es sich selbst vorgenommen haben.
Abraham Lincoln

Was habe ich heute Gutes für jemanden / für mich getan?

....
....

Was habe ich heute gelernt?

....
....

Tolle Dinge, die ich heute erlebt habe ...

1. ....
2. ....
3. ....

Mo Di Mi Do Fr Sa So ....

Ich bin dankbar für ...

1. ....

2. ....

3. ....

So sorge ich für einen guten Tag ...

....

....

....

....

....

Positive Selbstbekräftigung

....

....

Es muss von Herzen kommen,
was auf Herzen wirken soll.

Johann Wolfgang von Goethe

Was habe ich heute Gutes für jemanden / für mich getan?

....

....

Was habe ich heute gelernt?

....

....

Tolle Dinge, die ich heute erlebt habe ...

1. ....

2. ....

3. ....

Mo Di Mi Do Fr Sa So ....

Ich bin dankbar für ...

1. ....
2. ....
3. ....

So sorge ich für einen guten Tag ...

....

....

....

....

....

Positive Selbstbekräftigung

....

....

Im Grunde sind es doch die Verbindungen mit Menschen,
die dem Leben seinen Wert geben.

Wilhelm von Humboldt

Was habe ich heute Gutes für jemanden / für mich getan?

....

....

Was habe ich heute gelernt?

....

....

Tolle Dinge, die ich heute erlebt habe ...

1. ....
2. ....
3. ....

Mo Di Mi Do Fr Sa So ....

Ich bin dankbar für ...

1. ....

2. ....

3. ....

So sorge ich für einen guten Tag ...

....

....

....

....

....

Positive Selbstbekräftigung

....

....

Hoffen und Harren
macht manchen zum Narren.

Ovid

Was habe ich heute Gutes für jemanden / für mich getan?

....

....

Was habe ich heute gelernt?

....

....

Tolle Dinge, die ich heute erlebt habe ...

1. ....

2. ....

3. ....

Mo Di Mi Do Fr Sa So ....

Ich bin dankbar für ...

1. ....
2. ....
3. ....

So sorge ich für einen guten Tag ...

....
....
....
....
....

Positive Selbstbekräftigung

....
....

Tapferkeit verringert die Schicksalsschläge.
Demokrit

Was habe ich heute Gutes für jemanden / für mich getan?

....
....

Was habe ich heute gelernt?

....
....

Tolle Dinge, die ich heute erlebt habe ...

1. ....
2. ....
3. ....

WOCHENREFLEXION

Meine Highlights & Erfolge der Woche:

Auf einer Skala von 1–10, wie glücklich war ich diese Woche und warum?

1 2 3 4 5 6 7 8 9 10

WOCHENPLANUNG

So sorge ich für eine gute Woche:

Berufsleben:

Privatleben:

Darauf freue ich mich:

1.

2.

3.

NOTIZEN & IDEEN

DEIN GEWOHNHEITS-TRACKER

Gewohnheit

	M	D	M	D	F	S	S
	○	○	○	○	○	○	○
	○	○	○	○	○	○	○
	○	○	○	○	○	○	○

Mo Di Mi Do Fr Sa So ....

Ich bin dankbar für ...

1. ....
2. ....
3. ....

So sorge ich für einen guten Tag ...

....

....

....

....

....

Positive Selbstbekräftigung

....

....

Wöchentliche Herausforderung

Viel zu oft scheint die Hemmschwelle, im Alltag fremden Menschen aufrichtige Komplimente zu machen, unüberwindbar. Spring über deinen Schatten und frag die Frau am Bahnsteig nach ihrer tollen Jacke, sag deiner Sitznachbarin im Kino, wie ansteckend ihre Lache ist, lass den Postboten wissen, wie erfrischend seine stets gute Laune ist ...

Was habe ich heute Gutes für jemanden / für mich getan?

....

....

Was habe ich heute gelernt?

....

....

Tolle Dinge, die ich heute erlebt habe ...

1. ....
2. ....
3. ....

Mo Di Mi Do Fr Sa So ....

Ich bin dankbar für ...

1. ....
2. ....
3. ....

So sorge ich für einen guten Tag ...

....

....

....

....

....

Positive Selbstbekräftigung

....

....

Von einem guten Kompliment
kann ich zwei Monate leben.

Mark Twain

Was habe ich heute Gutes für jemanden / für mich getan?

....

....

Was habe ich heute gelernt?

....

....

Tolle Dinge, die ich heute erlebt habe ...

1. ....
2. ....
3. ....

Mo Di Mi Do Fr Sa So ....

Ich bin dankbar für ...

1. ....

2. ....

3. ....

So sorge ich für einen guten Tag ...

....

....

....

....

....

Positive Selbstbekräftigung

....

....

Der Kopf ist der Pessimist,
das Herz der Optimist.
Deutsches Sprichwort

Was habe ich heute Gutes für jemanden / für mich getan?

....

....

Was habe ich heute gelernt?

....

....

Tolle Dinge, die ich heute erlebt habe ...

1. ....

2. ....

3. ....

Mo Di Mi Do Fr Sa So ....

Ich bin dankbar für ...

1. ....
2. ....
3. ....

So sorge ich für einen guten Tag ...

....
....
....
....
....

Positive Selbstbekräftigung

....
....

Liebe ist das einzige Taschentuch,
das die Tränen der Traurigen trocknet.
Charles Haddon Spurgeon

Was habe ich heute Gutes für jemanden / für mich getan?

....
....

Was habe ich heute gelernt?

....
....

Tolle Dinge, die ich heute erlebt habe ...

1. ....
2. ....
3. ....

Mo Di Mi Do Fr Sa So ………………

Ich bin dankbar für …

1. ……………………………………………………………………
2. ……………………………………………………………………
3. ……………………………………………………………………

So sorge ich für einen guten Tag …

……………………………………………………………………
……………………………………………………………………
……………………………………………………………………
……………………………………………………………………
……………………………………………………………………

Positive Selbstbekräftigung

……………………………………………………………………
……………………………………………………………………

Der Mensch ist so eingerichet, dass ihn nicht das Studieren,
nur das Probieren vorwärtsbringt.

Peter Rosegger

Was habe ich heute Gutes für jemanden / für mich getan?

……………………………………………………………………
……………………………………………………………………

Was habe ich heute gelernt?

……………………………………………………………………
……………………………………………………………………

Tolle Dinge, die ich heute erlebt habe …

1. ……………………………………………………………………
2. ……………………………………………………………………
3. ……………………………………………………………………

Mo Di Mi Do Fr Sa So ....

Ich bin dankbar für ...

1. ....
2. ....
3. ....

So sorge ich für einen guten Tag ...

....
....
....
....
....

Positive Selbstbekräftigung

....
....

Mut ist kein Mangel an Angst oder die Abwesenheit von Angst.
Es ist die Beherrschung von Angst, die Kontrolle von Angst.

Mark Twain

Was habe ich heute Gutes für jemanden / für mich getan?

....
....

Was habe ich heute gelernt?

....
....

Tolle Dinge, die ich heute erlebt habe ...

1. ....
2. ....
3. ....

Mo Di Mi Do Fr Sa So ....

Ich bin dankbar für ...

1. ....
2. ....
3. ....

So sorge ich für einen guten Tag ...

Positive Selbstbekräftigung

Je öfter eine Dummheit wiederholt wird,
desto mehr bekommt sie den Anschein der Klugheit.
Voltaire

Was habe ich heute Gutes für jemanden / für mich getan?

Was habe ich heute gelernt?

Tolle Dinge, die ich heute erlebt habe ...

1. ....
2. ....
3. ....

MONATS-CHECK

Gesamtstimmung	1	2	3	4	5	6	7	8	9	10
Dankbarkeit	1	2	3	4	5	6	7	8	9	10
Achtsamkeit	1	2	3	4	5	6	7	8	9	10
Familie	1	2	3	4	5	6	7	8	9	10
Freunde	1	2	3	4	5	6	7	8	9	10
Partnerschaft	1	2	3	4	5	6	7	8	9	10
Spaß	1	2	3	4	5	6	7	8	9	10
Ruhe & Gelassenheit	1	2	3	4	5	6	7	8	9	10
Zeit für dich	1	2	3	4	5	6	7	8	9	10
Gesund essen	1	2	3	4	5	6	7	8	9	10
Wasser trinken	1	2	3	4	5	6	7	8	9	10
Sport	1	2	3	4	5	6	7	8	9	10
Nach draußen gehen	1	2	3	4	5	6	7	8	9	10
Gesundheit	1	2	3	4	5	6	7	8	9	10
Kreativität	1	2	3	4	5	6	7	8	9	10
Finanzen	1	2	3	4	5	6	7	8	9	10
Arbeit & Ausbildungen	1	2	3	4	5	6	7	8	9	10
Gedanken & Emotionen	1	2	3	4	5	6	7	8	9	10
Die Gegenwart	1	2	3	4	5	6	7	8	9	10
Die Zukunft	1	2	3	4	5	6	7	8	9	10

NOTIZEN ZUM MONAT

MONATLICHE 6 FRAGEN

Was war in deinem bisherigen Leben der größte Wandel, den du durchlebt hast? Was war der Auslöser für diesen Richtungswechsel?

Wenn du einem kleinen Kind einen Rat für den Rest seines Lebens mitgeben könntest, welcher wäre das?

Wenn alle Jobs gleich bezahlt werden würden, welchen Beruf würdest du dann wählen und warum ausgerechnet diesen?

MONATLICHE 6 FRAGEN

Welche Routinen oder Verhaltensweisen, die du über die letzten Jahre etabliert hast, haben dein Leben entscheidend bereichert?

«Wow, ich hab ganz vergessen, Mittag zu essen!» Bei welcher Aktivität kannst du vergessen zu essen oder auf die Toilette zu gehen, weil du so vertieft bist?

Du erhältst heute einen Brief von einer 10 Jahre älteren Version von dir. Welchen Ratschlag würde dir dein 10 Jahre älteres Ich für die Zukunft geben?

WOCHENREFLEXION

Meine Highlights & Erfolge der Woche:

Auf einer Skala von 1–10, wie glücklich war ich diese Woche und warum?

1 2 3 4 5 6 7 8 9 10

WOCHENPLANUNG

So sorge ich für eine gute Woche:

Berufsleben:	Privatleben:

Darauf freue ich mich:

1.
2.
3.

NOTIZEN & IDEEN

DEIN GEWOHNHEITS-TRACKER

Gewohnheit

	M	D	M	D	F	S	S
	O	O	O	O	O	O	O
	O	O	O	O	O	O	O
	O	O	O	O	O	O	O

Wer zwei Hasen
gleichzeitig jagt,
wird keinen
davon fangen.

Konfuzius

Mo Di Mi Do Fr Sa So ....

Ich bin dankbar für ...

1. ....

2. ....

3. ....

So sorge ich für einen guten Tag ...

....

....

....

....

....

Positive Selbstbekräftigung

....

....

Wöchentliche Herausforderung

In einer Welt unbeschränkter Möglichkeiten und beschränkter Zeit «Nein» zu sagen, ist im Grunde nichts anderes als «Ja» zu dir selbst und deinen Prioritäten zu sagen. Wenn dich das nächste Mal jemand um einen Gefallen bittet und dein Bauchgefühl sich dagegen sträubt, tu dir selbst einen Gefallen und sag «Nein». Sei ehrlich zu dir, wenn es darum geht, was dir wirklich wichtig ist.

Was habe ich heute Gutes für jemanden / für mich getan?

....

....

Was habe ich heute gelernt?

....

....

Tolle Dinge, die ich heute erlebt habe ...

1. ....

2. ....

3. ....

Mo Di Mi Do Fr Sa So ....

Ich bin dankbar für ...

1. ....
2. ....
3. ....

So sorge ich für einen guten Tag ...

....
....
....
....
....

Positive Selbstbekräftigung

....
....

Die Fähigkeit, das Wort «Nein» auszusprechen,
ist der erste Schritt zur Freiheit.

Nicolas Chamfort

Was habe ich heute Gutes für jemanden / für mich getan?

....
....

Was habe ich heute gelernt?

....
....

Tolle Dinge, die ich heute erlebt habe ...

1. ....
2. ....
3. ....

Mo Di Mi Do Fr Sa So ....

Ich bin dankbar für ...

1. ....
2. ....
3. ....

So sorge ich für einen guten Tag ...

....
....
....
....
....

Positive Selbstbekräftigung

....
....

Der Weg zum Ziel beginnt an dem Tag, an dem du
die hundertprozentige Verantwortung für dein Tun übernimmst.

Dante Alighieri

Was habe ich heute Gutes für jemanden / für mich getan?

....
....

Was habe ich heute gelernt?

....
....

Tolle Dinge, die ich heute erlebt habe ...

1. ....
2. ....
3. ....

Mo Di Mi Do Fr Sa So ………………

Ich bin dankbar für …

1. ……………………………………………………………

2. ……………………………………………………………

3. ……………………………………………………………

So sorge ich für einen guten Tag …

……………………………………………………………

……………………………………………………………

……………………………………………………………

……………………………………………………………

……………………………………………………………

Positive Selbstbekräftigung

……………………………………………………………

……………………………………………………………

Nicht am Ziel wird der Mensch groß,
sondern auf dem Weg dahin.
Ralph Waldo Emerson

Was habe ich heute Gutes für jemanden / für mich getan?

……………………………………………………………

……………………………………………………………

Was habe ich heute gelernt?

……………………………………………………………

……………………………………………………………

Tolle Dinge, die ich heute erlebt habe …

1. ……………………………………………………………

2. ……………………………………………………………

3. ……………………………………………………………

Mo Di Mi Do Fr Sa So ....

Ich bin dankbar für ...

1. ....

2. ....

3. ....

So sorge ich für einen guten Tag ...

....

....

....

....

....

Positive Selbstbekräftigung

....

....

Ich bin Pessimist für die Gegenwart,
aber Optimist für die Zukunft.

Wilhelm Busch

Was habe ich heute Gutes für jemanden / für mich getan?

....

....

Was habe ich heute gelernt?

....

....

Tolle Dinge, die ich heute erlebt habe ...

1. ....

2. ....

3. ....

Mo Di Mi Do Fr Sa So ....

Ich bin dankbar für ...

1. ....
2. ....
3. ....

So sorge ich für einen guten Tag ...

Positive Selbstbekräftigung

Es gibt Fehler,
die nie zu begehen ein Fehler ist.

Peter Sirius

Was habe ich heute Gutes für jemanden / für mich getan?

Was habe ich heute gelernt?

Tolle Dinge, die ich heute erlebt habe ...

1. ....
2. ....
3. ....

Mo Di Mi Do Fr Sa So ....

Ich bin dankbar für ...

1. ....

2. ....

3. ....

So sorge ich für einen guten Tag ...

....

....

....

....

....

Positive Selbstbekräftigung

....

....

Nicht weil es schwer ist, wagen wir es nicht,
sondern weil wir es nicht wagen, ist es schwer.

Seneca

Was habe ich heute Gutes für jemanden / für mich getan?

....

....

Was habe ich heute gelernt?

....

....

Tolle Dinge, die ich heute erlebt habe ...

1. ....

2. ....

3. ....

WOCHENREFLEXION

Meine Highlights & Erfolge der Woche:

Auf einer Skala von 1–10, wie glücklich war ich diese Woche und warum?

1 2 3 4 5 6 7 8 9 10

WOCHENPLANUNG

So sorge ich für eine gute Woche:

Berufsleben:	Privatleben:

Darauf freue ich mich:

1.
2.
3.

NOTIZEN & IDEEN

DEIN GEWOHNHEITS-TRACKER

Gewohnheit

	M	D	M	D	F	S	S
	O	O	O	O	O	O	O
	O	O	O	O	O	O	O
	O	O	O	O	O	O	O

Mo Di Mi Do Fr Sa So ....

Ich bin dankbar für ...

1. ....
2. ....
3. ....

So sorge ich für einen guten Tag ...

....

....

....

....

....

Positive Selbstbekräftigung

....

....

Wöchentliche Herausforderung

Wessen Meinung schätzt du, obwohl ihr oft verschiedene Ansichten habt? Frag diese Person, wie du dich ihrer Meinung nach verbessern kannst. Gerade weil sie anders denkt als du, können so interessante Perspektivenwechsel und Gedankenanstöße für dein eigenes Handeln entstehen.

Was habe ich heute Gutes für jemanden / für mich getan?

....

....

Was habe ich heute gelernt?

....

....

Tolle Dinge, die ich heute erlebt habe ...

1. ....
2. ....
3. ....

Mo Di Mi Do Fr Sa So ....

Ich bin dankbar für ...

1. ....
2. ....
3. ....

So sorge ich für einen guten Tag ...

....
....
....
....
....

Positive Selbstbekräftigung

....
....

Um klar zu sehen,
genügt oft ein Wechsel der Blickrichtung.
Antoine de Saint-Exupéry

Was habe ich heute Gutes für jemanden / für mich getan?

....
....

Was habe ich heute gelernt?

....
....

Tolle Dinge, die ich heute erlebt habe ...

1. ....
2. ....
3. ....

Mo Di Mi Do Fr Sa So ....

Ich bin dankbar für ...

1. ....
2. ....
3. ....

So sorge ich für einen guten Tag ...

....
....
....
....
....

Positive Selbstbekräftigung

....
....

Der größte Fehler im Leben ist,
dass man ständig fürchtet, Fehler zu machen.

Elbert Hubbard

Was habe ich heute Gutes für jemanden / für mich getan?

....
....

Was habe ich heute gelernt?

....
....

Tolle Dinge, die ich heute erlebt habe ...

1. ....
2. ....
3. ....

Mo Di Mi Do Fr Sa So ....

Ich bin dankbar für ...

1. ....

2. ....

3. ....

So sorge ich für einen guten Tag ...

....

....

....

....

....

Positive Selbstbekräftigung

....

....

Man merkt nie, was schon getan wurde,
man sieht immer nur, was noch zu tun bleibt.

Marie Curie

Was habe ich heute Gutes für jemanden / für mich getan?

....

....

Was habe ich heute gelernt?

....

....

Tolle Dinge, die ich heute erlebt habe ...

1. ....

2. ....

3. ....

Mo Di Mi Do Fr Sa So ....

Ich bin dankbar für ...

1. ....

2. ....

3. ....

So sorge ich für einen guten Tag ...

....

....

....

....

....

Positive Selbstbekräftigung

....

....

Keine Schuld ist dringender als die,
danke zu sagen.
Marcus Tullius Cicero

Was habe ich heute Gutes für jemanden / für mich getan?

....

....

Was habe ich heute gelernt?

....

....

Tolle Dinge, die ich heute erlebt habe ...

1. ....

2. ....

3. ....

Mo Di Mi Do Fr Sa So ....

Ich bin dankbar für ...

1. ....

2. ....

3. ....

So sorge ich für einen guten Tag ...

....

....

....

....

....

Positive Selbstbekräftigung

....

....

Die Schönheit im Herzen eines Menschen ist erhabener als diejenige, die man mit den Augen sehen kann.

Khalil Gibran

Was habe ich heute Gutes für jemanden / für mich getan?

....

....

Was habe ich heute gelernt?

....

....

Tolle Dinge, die ich heute erlebt habe ...

1. ....

2. ....

3. ....

Mo Di Mi Do Fr Sa So ....

Ich bin dankbar für ...

1. ....

2. ....

3. ....

So sorge ich für einen guten Tag ...

Positive Selbstbekräftigung

Frei sein,
heißt sich selbst binden.

Otto von Leixner

Was habe ich heute Gutes für jemanden / für mich getan?

Was habe ich heute gelernt?

Tolle Dinge, die ich heute erlebt habe ...

1. ....

2. ....

3. ....

WOCHENREFLEXION

Meine Highlights & Erfolge der Woche:

Auf einer Skala von 1–10, wie glücklich war ich diese Woche und warum?

1 2 3 4 5 6 7 8 9 10

WOCHENPLANUNG

So sorge ich für eine gute Woche:

Berufsleben:	Privatleben:

Darauf freue ich mich:

1.
2.
3.

NOTIZEN & IDEEN

DEIN GEWOHNHEITS-TRACKER

Gewohnheit

	M	D	M	D	F	S	S
	O	O	O	O	O	O	O
	O	O	O	O	O	O	O
	O	O	O	O	O	O	O

Mo Di Mi Do Fr Sa So ....

Ich bin dankbar für ...

1. ....
2. ....
3. ....

So sorge ich für einen guten Tag ...

....

....

....

....

....

Positive Selbstbekräftigung

....

....

Wöchentliche Herausforderung
Verleihe jemandem ein Buch, das dich inspiriert hat, und lege eine persönliche Notiz bei, die erklärt, warum du es ausgerechnet mit dieser Person teilen möchtest.

Was habe ich heute Gutes für jemanden / für mich getan?

....

....

Was habe ich heute gelernt?

....

....

Tolle Dinge, die ich heute erlebt habe ...

1. ....
2. ....
3. ....

Mo Di Mi Do Fr Sa So ....

Ich bin dankbar für ...

1. ....

2. ....

3. ....

So sorge ich für einen guten Tag ...

....

....

....

....

....

Positive Selbstbekräftigung

....

....

Schenken heißt, einem anderen etwas geben,
das man am liebsten selbst behalten möchte.

Selma Lagerlöf

Was habe ich heute Gutes für jemanden / für mich getan?

....

....

Was habe ich heute gelernt?

....

....

Tolle Dinge, die ich heute erlebt habe ...

1. ....

2. ....

3. ....

Mo Di Mi Do Fr Sa So ....

Ich bin dankbar für ...

1. ....
2. ....
3. ....

So sorge ich für einen guten Tag ...

....
....
....
....
....

Positive Selbstbekräftigung

....
....

Die Talente sind oft gar nicht so ungleich,
im Fleiß und im Charakter liegen die Unterschiede.

Theodor Fontane

Was habe ich heute Gutes für jemanden / für mich getan?

....
....

Was habe ich heute gelernt?

....
....

Tolle Dinge, die ich heute erlebt habe ...

1. ....
2. ....
3. ....

Mo Di Mi Do Fr Sa So ....

Ich bin dankbar für ...

1. ....
2. ....
3. ....

So sorge ich für einen guten Tag ...

....
....
....
....
....

Positive Selbstbekräftigung

....
....

Es ist nicht zu wenig Zeit, die wir haben,
sondern es ist zu viel Zeit, die wir nicht nutzen.

Seneca

Was habe ich heute Gutes für jemanden / für mich getan?

....
....

Was habe ich heute gelernt?

....
....

Tolle Dinge, die ich heute erlebt habe ...

1. ....
2. ....
3. ....

Mo Di Mi Do Fr Sa So ....

Ich bin dankbar für ...

1. ....

2. ....

3. ....

So sorge ich für einen guten Tag ...

....

....

....

....

....

Positive Selbstbekräftigung

....

....

Niemand ist jemals
vom Geben arm geworden.

Anne Frank

Was habe ich heute Gutes für jemanden / für mich getan?

....

....

Was habe ich heute gelernt?

....

....

Tolle Dinge, die ich heute erlebt habe ...

1. ....

2. ....

3. ....

Mo Di Mi Do Fr Sa So ....

Ich bin dankbar für ...

1. ....
2. ....
3. ....

So sorge ich für einen guten Tag ...

....
....
....
....
....

Positive Selbstbekräftigung

....
....

Ein guter Gedanke macht froh,
erst recht eine gute Tat.

Peter Rosegger

Was habe ich heute Gutes für jemanden / für mich getan?

....
....

Was habe ich heute gelernt?

....
....

Tolle Dinge, die ich heute erlebt habe ...

1. ....
2. ....
3. ....

Mo Di Mi Do Fr Sa So ....

Ich bin dankbar für ...

1. ....

2. ....

3. ....

So sorge ich für einen guten Tag ...

....

....

....

....

....

Positive Selbstbekräftigung

....

....

Gefühl von Grenze darf nicht heißen:
hier bist du zu Ende, sondern: hier hast du noch zu wachsen.

Emil Gött

Was habe ich heute Gutes für jemanden / für mich getan?

....

....

Was habe ich heute gelernt?

....

....

Tolle Dinge, die ich heute erlebt habe ...

1. ....

2. ....

3. ....

WOCHENREFLEXION

Meine Highlights & Erfolge der Woche:

Auf einer Skala von 1–10, wie glücklich war ich diese Woche und warum?

1 2 3 4 5 6 7 8 9 10

WOCHENPLANUNG

So sorge ich für eine gute Woche:

Berufsleben:	Privatleben:

Darauf freue ich mich:

1.
2.
3.

NOTIZEN & IDEEN

DEIN GEWOHNHEITS-TRACKER

Gewohnheit

	M	D	M	D	F	S	S
....	○	○	○	○	○	○	○
....	○	○	○	○	○	○	○
....	○	○	○	○	○	○	○

Das Außerordentliche
geschieht nicht
auf glattem,
gewöhnlichem Wege.

Johann Wolfgang von Goethe

Mo Di Mi Do Fr Sa So ....

Ich bin dankbar für ...

1. ....

2. ....

3. ....

So sorge ich für einen guten Tag ...

....

....

....

....

....

Positive Selbstbekräftigung

....

....

Wöchentliche Herausforderung

Willst du manchmal Dinge tun, die andere «kindisch» oder «peinlich» finden? Nur zu! Wir alle waren einmal Kinder. Nur weil es jetzt im Körper eines Erwachsenen gehüllt ist, ist das Kind in dir noch lange nicht verschwunden.[20] Sei dir über deine intuitive und verspielte Seite bewusst und lass sie ab und zu einfach mal raus. Das befreiende Gefühl ist es wert!

Was habe ich heute Gutes für jemanden / für mich getan?

....

....

Was habe ich heute gelernt?

....

....

Tolle Dinge, die ich heute erlebt habe ...

1. ....

2. ....

3. ....

Mo Di Mi Do Fr Sa So ....

Ich bin dankbar für ...

1. ....

2. ....

3. ....

So sorge ich für einen guten Tag ...

....

....

....

....

....

Positive Selbstbekräftigung

....

....

Wirklich ist jedes Kind gewissermaßen ein Genie,
und jedes Genie gewissermaßen ein Kind.

Arthur Schopenhauer

Was habe ich heute Gutes für jemanden / für mich getan?

....

....

Was habe ich heute gelernt?

....

....

Tolle Dinge, die ich heute erlebt habe ...

1. ....

2. ....

3. ....

Mo Di Mi Do Fr Sa So ....

Ich bin dankbar für ...

1. ....

2. ....

3. ....

So sorge ich für einen guten Tag ...

....

....

....

....

....

Positive Selbstbekräftigung

....

....

Verbringe nicht die Zeit mit der Suche nach einem Hindernis.
Vielleicht ist keines da.

Franz Kafka

Was habe ich heute Gutes für jemanden / für mich getan?

....

....

Was habe ich heute gelernt?

....

....

Tolle Dinge, die ich heute erlebt habe ...

1. ....

2. ....

3. ....

Mo Di Mi Do Fr Sa So ....

Ich bin dankbar für ...

1. ....
2. ....
3. ....

So sorge ich für einen guten Tag ...

....
....
....
....
....

Positive Selbstbekräftigung

....
....

Ich weiß, ich werde nicht sehr lange leben. Aber ist das denn traurig?
Ist ein Fest schöner, weil es länger ist?

Paula Modersohn-Becker

Was habe ich heute Gutes für jemanden / für mich getan?

....
....

Was habe ich heute gelernt?

....
....

Tolle Dinge, die ich heute erlebt habe ...

1. ....
2. ....
3. ....

Mo Di Mi Do Fr Sa So ....

Ich bin dankbar für ...

1. ....

2. ....

3. ....

So sorge ich für einen guten Tag ...

Positive Selbstbekräftigung

Es ist so leicht, andere, und so schwierig,
sich selbst zu belehren.
Oscar Wilde

Was habe ich heute Gutes für jemanden / für mich getan?

Was habe ich heute gelernt?

Tolle Dinge, die ich heute erlebt habe ...

1. ....

2. ....

3. ....

Mo Di Mi Do Fr Sa So ....

Ich bin dankbar für ...

1. ....
2. ....
3. ....

So sorge ich für einen guten Tag ...

....

....

....

....

....

Positive Selbstbekräftigung

....

....

Fürchte dich nicht, langsam zu gehen.
Fürchte dich, stehen zu bleiben.

Christian August Vulpius

Was habe ich heute Gutes für jemanden / für mich getan?

....

....

Was habe ich heute gelernt?

....

....

Tolle Dinge, die ich heute erlebt habe ...

1. ....
2. ....
3. ....

Mo Di Mi Do Fr Sa So ....

Ich bin dankbar für …

1. ....

2. ....

3. ....

So sorge ich für einen guten Tag …

....

....

....

....

....

Positive Selbstbekräftigung

....

....

Um sich selbst ein wenig kennenzulernen,
muss man sich selbst ein wenig studieren.

Iwan Sergejewitsch Turgenjew

Was habe ich heute Gutes für jemanden / für mich getan?

....

....

Was habe ich heute gelernt?

....

....

Tolle Dinge, die ich heute erlebt habe …

1. ....

2. ....

3. ....

MONATS-CHECK

Gesamtstimmung	1	2	3	4	5	6	7	8	9	10
Dankbarkeit	1	2	3	4	5	6	7	8	9	10
Achtsamkeit	1	2	3	4	5	6	7	8	9	10
Familie	1	2	3	4	5	6	7	8	9	10
Freunde	1	2	3	4	5	6	7	8	9	10
Partnerschaft	1	2	3	4	5	6	7	8	9	10
Spaß	1	2	3	4	5	6	7	8	9	10
Ruhe & Gelassenheit	1	2	3	4	5	6	7	8	9	10
Zeit für dich	1	2	3	4	5	6	7	8	9	10
Gesund essen	1	2	3	4	5	6	7	8	9	10
Wasser trinken	1	2	3	4	5	6	7	8	9	10
Sport	1	2	3	4	5	6	7	8	9	10
Nach draußen gehen	1	2	3	4	5	6	7	8	9	10
Gesundheit	1	2	3	4	5	6	7	8	9	10
Kreativität	1	2	3	4	5	6	7	8	9	10
Finanzen	1	2	3	4	5	6	7	8	9	10
Arbeit & Ausbildungen	1	2	3	4	5	6	7	8	9	10
Gedanken & Emotionen	1	2	3	4	5	6	7	8	9	10
Die Gegenwart	1	2	3	4	5	6	7	8	9	10
Die Zukunft	1	2	3	4	5	6	7	8	9	10

NOTIZEN ZUM MONAT

MONATLICHE 6 FRAGEN

Wenn du an das Wort «erfolgreich» denkst, welche beiden Personen fallen dir dabei als Erstes ein und warum? Was genau bedeutet Erfolg für dich?

Wie lange ist es her, dass du etwas getan hast, wovon niemand (auch du selbst nicht) erwartet hat, dass du es tust? Wie hast du dich dabei gefühlt?

Wenn du dich für jede beliebige Person der Welt entscheiden könntest – tot oder lebendig: Wen hättest du gerne einmal im Monat als Tischgast beim Essen?

MONATLICHE 6 FRAGEN

Welchen Lebenstraum willst du in den nächsten Jahren verwirklichen und warum ist er dir so wichtig? Auf welchen konkreten Meilenstein kannst du bereits jetzt hinarbeiten?

Wenn du irgendetwas daran ändern könntest, wie du erzogen wurdest, was wäre das?

Wozu hast du in letzter Zeit «Ja» gesagt, obwohl du lieber «Nein» gesagt hättest? Was könnte dir helfen, «Nein» zu sagen, wenn du «Nein» meinst?

WOCHENREFLEXION

Meine Highlights & Erfolge der Woche:

Auf einer Skala von 1–10, wie glücklich war ich diese Woche und warum?

1 2 3 4 5 6 7 8 9 10

WOCHENPLANUNG

So sorge ich für eine gute Woche:

Berufsleben:	Privatleben:

Darauf freue ich mich:

1.

2.

3.

NOTIZEN & IDEEN

DEIN GEWOHNHEITS-TRACKER

Gewohnheit

	M	D	M	D	F	S	S
	○	○	○	○	○	○	○
	○	○	○	○	○	○	○
	○	○	○	○	○	○	○

Wir sind das,
was wir wiederholt tun.
Daher ist Vortrefflichkeit
keine Handlung,
sondern
eine Gewohnheit.

Aristoteles

Mo Di Mi Do Fr Sa So ....

Ich bin dankbar für ...

1. ....
2. ....
3. ....

So sorge ich für einen guten Tag ...

....

....

....

....

....

Positive Selbstbekräftigung

....

....

Wöchentliche Herausforderung

Schon vor 2000 Jahren sagte der römische Philosoph Seneca: «Wir leiden mehr in der Vorstellung als in der Realität.» Eine Studie zeigte, dass tatsächlich nur 15 % unserer Sorgen real werden und davon wiederum 80 % viel leichter gelöst werden können, als ursprünglich erwartet. Behalte das in dieser Woche im Hinterkopf und gehe so berechtigterweise optimistischer durch deinen Alltag.

Was habe ich heute Gutes für jemanden / für mich getan?

....

....

Was habe ich heute gelernt?

....

....

Tolle Dinge, die ich heute erlebt habe ...

1. ....
2. ....
3. ....

Mo Di Mi Do Fr Sa So ....

Ich bin dankbar für ...

1. ....
2. ....
3. ....

So sorge ich für einen guten Tag ...

....

....

....

....

....

Positive Selbstbekräftigung

....

....

Mensch, erkenne dich selbst,
dann weißt du alles.

Sokrates

Was habe ich heute Gutes für jemanden / für mich getan?

....

....

Was habe ich heute gelernt?

....

....

Tolle Dinge, die ich heute erlebt habe ...

1. ....
2. ....
3. ....

Mo Di Mi Do Fr Sa So ....

Ich bin dankbar für ...

1. ....
2. ....
3. ....

So sorge ich für einen guten Tag ...

....
....
....
....
....

Positive Selbstbekräftigung

....
....

Dein Lebensglück ist wie ein Vogel,
den du liebst. Du nährst ihn mit den Körnern deines Herzens
und tränkst ihn mit dem Licht deiner Augen.
Khalil Gibran

Was habe ich heute Gutes für jemanden / für mich getan?

....
....

Was habe ich heute gelernt?

....
....

Tolle Dinge, die ich heute erlebt habe ...

1. ....
2. ....
3. ....

Mo Di Mi Do Fr Sa So ....

Ich bin dankbar für ...

1. ....
2. ....
3. ....

So sorge ich für einen guten Tag ...

....

....

....

....

....

Positive Selbstbekräftigung

....

....

Beim Streit um die Wahrheit
bleibt der Streit die einzige Wahrheit.

Rabindranath Tagore

Was habe ich heute Gutes für jemanden / für mich getan?

....

....

Was habe ich heute gelernt?

....

....

Tolle Dinge, die ich heute erlebt habe ...

1. ....
2. ....
3. ....

Mo Di Mi Do Fr Sa So ....

Ich bin dankbar für ...

1. ....
2. ....
3. ....

So sorge ich für einen guten Tag ...

....

Positive Selbstbekräftigung

....

Du kannst dein Leben nicht verlängern
noch verbreitern, nur vertiefen.

Gorch Fock

Was habe ich heute Gutes für jemanden / für mich getan?

....

Was habe ich heute gelernt?

....

Tolle Dinge, die ich heute erlebt habe ...

1. ....
2. ....
3. ....

Mo Di Mi Do Fr Sa So ....

Ich bin dankbar für ...

1. ....
2. ....
3. ....

So sorge ich für einen guten Tag ...

....

....

....

....

....

Positive Selbstbekräftigung

....

....

Der Zufall trifft nur
den vorbereiteten Geist.

Louis Pasteur

Was habe ich heute Gutes für jemanden / für mich getan?

....

....

Was habe ich heute gelernt?

....

....

Tolle Dinge, die ich heute erlebt habe ...

1. ....
2. ....
3. ....

Mo Di Mi Do Fr Sa So ....

Ich bin dankbar für ...

1. ....

2. ....

3. ....

So sorge ich für einen guten Tag ...

....

....

....

....

....

Positive Selbstbekräftigung

....

....

Wer nicht mehr will, als er kann,
bleibt unter seinem Können.

Jane Laura Addams

Was habe ich heute Gutes für jemanden / für mich getan?

....

....

Was habe ich heute gelernt?

....

....

Tolle Dinge, die ich heute erlebt habe ...

1. ....

2. ....

3. ....

WOCHENREFLEXION

Meine Highlights & Erfolge der Woche:

Auf einer Skala von 1–10, wie glücklich war ich diese Woche und warum?

1 2 3 4 5 6 7 8 9 10

WOCHENPLANUNG

So sorge ich für eine gute Woche:

Berufsleben:	Privatleben:

Darauf freue ich mich:

1.
2.
3.

NOTIZEN & IDEEN

DEIN GEWOHNHEITS-TRACKER

Gewohnheit

	M	D	M	D	F	S	S
	O	O	O	O	O	O	O
	O	O	O	O	O	O	O
	O	O	O	O	O	O	O

Mo Di Mi Do Fr Sa So ....

Ich bin dankbar für ...

1. ....
2. ....
3. ....

So sorge ich für einen guten Tag ...

....

....

....

....

....

Positive Selbstbekräftigung

....

....

Wöchentliche Herausforderung

Bereite jemandem unerwartet eine kleine Freude: ob mit seiner Lieblingsschokolade, einem Kaffee oder gar einer witzigen Grimasse. Solche kleinen Aufmerksamkeiten stärken deine Beziehungen und kreieren ganz nebenbei gute Stimmung.

Was habe ich heute Gutes für jemanden / für mich getan?

....

....

Was habe ich heute gelernt?

....

....

Tolle Dinge, die ich heute erlebt habe ...

1. ....
2. ....
3. ....

Mo Di Mi Do Fr Sa So ....

Ich bin dankbar für ...

1. ....
2. ....
3. ....

So sorge ich für einen guten Tag ...

....
....
....
....
....

Positive Selbstbekräftigung

....
....

Den Charakter kann man auch
aus den kleinsten Handlungen erkennen.

Seneca

Was habe ich heute Gutes für jemanden / für mich getan?

....
....

Was habe ich heute gelernt?

....
....

Tolle Dinge, die ich heute erlebt habe ...

1. ....
2. ....
3. ....

Mo Di Mi Do Fr Sa So ....

Ich bin dankbar für ...

1. ....
2. ....
3. ....

So sorge ich für einen guten Tag ...

....

....

....

....

....

Positive Selbstbekräftigung

....

....

Wer sich selbst treu bleiben will,
kann nicht immer anderen treu bleiben.

Christian Morgenstern

Was habe ich heute Gutes für jemanden / für mich getan?

....

....

Was habe ich heute gelernt?

....

....

Tolle Dinge, die ich heute erlebt habe ...

1. ....
2. ....
3. ....

Mo Di Mi Do Fr Sa So ....

Ich bin dankbar für ...

1. ....

2. ....

3. ....

So sorge ich für einen guten Tag ...

....

....

....

....

....

Positive Selbstbekräftigung

....

....

Wenn es einen Glauben gibt, der Berge versetzen kann,
so ist es der Glaube an die eigene Kraft.

Marie von Ebner-Eschenbach

Was habe ich heute Gutes für jemanden / für mich getan?

....

....

Was habe ich heute gelernt?

....

....

Tolle Dinge, die ich heute erlebt habe ...

1. ....

2. ....

3. ....

Mo Di Mi Do Fr Sa So ....

Ich bin dankbar für ...

1. ....
2. ....
3. ....

So sorge ich für einen guten Tag ...

....
....
....
....
....

Positive Selbstbekräftigung

....
....

Ich weiß nicht, ob es besser wird, wenn es anders wird.
Aber es muss anders werden, wenn es besser werden soll.

Georg Christoph Lichtenberg

Was habe ich heute Gutes für jemanden / für mich getan?

....
....

Was habe ich heute gelernt?

....
....

Tolle Dinge, die ich heute erlebt habe ...

1. ....
2. ....
3. ....

Mo Di Mi Do Fr Sa So ....

Ich bin dankbar für ...

1. ....
2. ....
3. ....

So sorge ich für einen guten Tag ...

....
....
....
....
....

Positive Selbstbekräftigung

....
....

Eine Investition in Wissen
bringt noch immer die besten Zinsen.
Benjamin Franklin

Was habe ich heute Gutes für jemanden / für mich getan?

....
....

Was habe ich heute gelernt?

....
....

Tolle Dinge, die ich heute erlebt habe ...

1. ....
2. ....
3. ....

Mo Di Mi Do Fr Sa So ....

Ich bin dankbar für ...

1. ....
2. ....
3. ....

So sorge ich für einen guten Tag ...

....

....

....

....

....

Positive Selbstbekräftigung

....

....

Am Ende gilt doch nur, was wir getan und gelebt –
und nicht, was wir ersehnt haben.

Arthur Schnitzler

Was habe ich heute Gutes für jemanden / für mich getan?

....

....

Was habe ich heute gelernt?

....

....

Tolle Dinge, die ich heute erlebt habe ...

1. ....
2. ....
3. ....

WOCHENREFLEXION

Meine Highlights & Erfolge der Woche:

Auf einer Skala von 1–10, wie glücklich war ich diese Woche und warum?

1 2 3 4 5 6 7 8 9 10

WOCHENPLANUNG

So sorge ich für eine gute Woche:

Berufsleben:	Privatleben:

Darauf freue ich mich:

1.
2.
3.

NOTIZEN & IDEEN

DEIN GEWOHNHEITS-TRACKER

Gewohnheit

	M	D	M	D	F	S	S
	O	O	O	O	O	O	O
	O	O	O	O	O	O	O
	O	O	O	O	O	O	O

Mo Di Mi Do Fr Sa So ....

Ich bin dankbar für ...

1. ....
2. ....
3. ....

So sorge ich für einen guten Tag ...

....

....

....

....

....

Positive Selbstbekräftigung

....

....

Wöchentliche Herausforderung

Weniger ist mehr. Minimalismus ist Fokus auf Dinge, die einen Sinn und eine klare Funktion haben. In unserer konsumorientierten Gesellschaft neigen wir dazu, materielle Dinge zu häufen, die für uns schon lange keinen Mehrwert mehr besitzen. Trenn dich langsam, aber sicher von diesem Ballast und erschaffe so Raum für mehr Bewegungsfreiheit – gedanklich und körperlich.

Was habe ich heute Gutes für jemanden / für mich getan?

....

....

Was habe ich heute gelernt?

....

....

Tolle Dinge, die ich heute erlebt habe ...

1. ....
2. ....
3. ....

Mo Di Mi Do Fr Sa So ....

Ich bin dankbar für ...

1. ....

2. ....

3. ....

So sorge ich für einen guten Tag ...

....

....

....

....

....

Positive Selbstbekräftigung

....

....

Die Dinge haben nur den Wert,
den man ihnen verleiht.

Molière

Was habe ich heute Gutes für jemanden / für mich getan?

....

....

Was habe ich heute gelernt?

....

....

Tolle Dinge, die ich heute erlebt habe ...

1. ....

2. ....

3. ....

Mo Di Mi Do Fr Sa So ....

Ich bin dankbar für ...

1. ....
2. ....
3. ....

So sorge ich für einen guten Tag ...

....
....
....
....
....

Positive Selbstbekräftigung

....
....

Alle Stärke wird nur durch Hindernisse erkannt,
die sie überwältigen kann.

Immanuel Kant

Was habe ich heute Gutes für jemanden / für mich getan?

....
....

Was habe ich heute gelernt?

....
....

Tolle Dinge, die ich heute erlebt habe ...

1. ....
2. ....
3. ....

Mo Di Mi Do Fr Sa So ....

Ich bin dankbar für ...

1. ....
2. ....
3. ....

So sorge ich für einen guten Tag ...

....

Positive Selbstbekräftigung

....

Was auch geschehen mag,
es kommt der Erfahrung zugute.

F. Scott Fitzgerald

Was habe ich heute Gutes für jemanden / für mich getan?

....

Was habe ich heute gelernt?

....

Tolle Dinge, die ich heute erlebt habe ...

1. ....
2. ....
3. ....

Mo Di Mi Do Fr Sa So ....

Ich bin dankbar für ...

1. ....

2. ....

3. ....

So sorge ich für einen guten Tag ...

....

....

....

....

....

Positive Selbstbekräftigung

....

....

Freundschaft ist Liebe mit Verstand.

Deutsches Sprichwort

Was habe ich heute Gutes für jemanden / für mich getan?

....

....

Was habe ich heute gelernt?

....

....

Tolle Dinge, die ich heute erlebt habe ...

1. ....

2. ....

3. ....

Mo Di Mi Do Fr Sa So ....

Ich bin dankbar für ...

1. ....
2. ....
3. ....

So sorge ich für einen guten Tag ...

....

....

....

....

....

Positive Selbstbekräftigung

....

....

Zeige einem schlauen Menschen einen Fehler und er wird sich bedanken.
Zeige einem dummen Menschen einen Fehler und er wird dich beleidigen.

Laotse

Was habe ich heute Gutes für jemanden / für mich getan?

....

....

Was habe ich heute gelernt?

....

....

Tolle Dinge, die ich heute erlebt habe ...

1. ....
2. ....
3. ....

Mo Di Mi Do Fr Sa So ....

Ich bin dankbar für ...

1. ....

2. ....

3. ....

So sorge ich für einen guten Tag ...

....

....

....

....

....

Positive Selbstbekräftigung

....

....

Was nützt die Freiheit des Denkens,
wenn sie nicht zur Freiheit des Handelns führt?

Jonathan Swift

Was habe ich heute Gutes für jemanden / für mich getan?

....

....

Was habe ich heute gelernt?

....

....

Tolle Dinge, die ich heute erlebt habe ...

1. ....

2. ....

3. ....

WOCHENREFLEXION

Meine Highlights & Erfolge der Woche:

Auf einer Skala von 1–10, wie glücklich war ich diese Woche und warum?

1 2 3 4 5 6 7 8 9 10

WOCHENPLANUNG

So sorge ich für eine gute Woche:

Berufsleben:	Privatleben:

Darauf freue ich mich:

1.
2.
3.

NOTIZEN & IDEEN

DEIN GEWOHNHEITS-TRACKER

Gewohnheit

	M	D	M	D	F	S	S
	O	O	O	O	O	O	O
	O	O	O	O	O	O	O
	O	O	O	O	O	O	O

Die Gewohnheit
ist ein Seil.
Wir weben jeden Tag
einen Faden,
und schließlich
können wir es nicht
mehr zerreißen.

Horace Mann

Mo Di Mi Do Fr Sa So ....

Ich bin dankbar für ...

1.
2.
3.

So sorge ich für einen guten Tag ...

Positive Selbstbekräftigung

Wöchentliche Herausforderung

Recht haben kann ganz schön anstrengend sein. Besonders wenn dein Gegenüber uneinsichtig ist, setzt du viel Energie daran, deine Position zu verteidigen. Für deinen Körper ist dieser Prozess wie ein physischer Kampf: Der Blutdruck steigt, deine Muskeln spannen sich an, und du kannst nicht entspannen, bis du «gewinnst»[21]. Überleg dir also genau: Bist du lieber im Recht oder im Gleichgewicht?

Was habe ich heute Gutes für jemanden / für mich getan?

Was habe ich heute gelernt?

Tolle Dinge, die ich heute erlebt habe ...

1.
2.
3.

Mo Di Mi Do Fr Sa So ....

Ich bin dankbar für ...

1. ....
2. ....
3. ....

So sorge ich für einen guten Tag ...

....

....

....

....

....

Positive Selbstbekräftigung

....

....

Vergiss nie: Meine Gutmütigkeit ist keine Schwäche
und meine Toleranz keine Ignoranz.

Aus Griechenland

Was habe ich heute Gutes für jemanden / für mich getan?

....

....

Was habe ich heute gelernt?

....

....

Tolle Dinge, die ich heute erlebt habe ...

1. ....
2. ....
3. ....

Mo Di Mi Do Fr Sa So ....

Ich bin dankbar für ...

1. ....
2. ....
3. ....

So sorge ich für einen guten Tag ...

....

Positive Selbstbekräftigung

....

Es wäre dumm, sich über die Welt zu ärgern.
Sie kümmert sich nicht darum.

Mark Aurel

Was habe ich heute Gutes für jemanden / für mich getan?

....

Was habe ich heute gelernt?

....

Tolle Dinge, die ich heute erlebt habe ...

1. ....
2. ....
3. ....

Mo Di Mi Do Fr Sa So ....

Ich bin dankbar für ...

1. ....
2. ....
3. ....

So sorge ich für einen guten Tag ...

....
....
....
....
....

Positive Selbstbekräftigung

....
....

Wenn du etwas wagst, wächst dein Mut.
Wenn du zögerst, wächst deine Angst.

Mahatma Gandhi

Was habe ich heute Gutes für jemanden / für mich getan?

....
....

Was habe ich heute gelernt?

....
....

Tolle Dinge, die ich heute erlebt habe ...

1. ....
2. ....
3. ....

Mo Di Mi Do Fr Sa So ....

Ich bin dankbar für ...

1. ....
2. ....
3. ....

So sorge ich für einen guten Tag ...

....
....
....
....
....

Positive Selbstbekräftigung

....
....

Einerseits schließt der Verlust den Gewinn mit ein;
andererseits schließt der Gewinn den Verlust mit ein.

Laotse

Was habe ich heute Gutes für jemanden / für mich getan?

....
....

Was habe ich heute gelernt?

....
....

Tolle Dinge, die ich heute erlebt habe ...

1. ....
2. ....
3. ....

Mo Di Mi Do Fr Sa So ....

Ich bin dankbar für ...

1. ....
2. ....
3. ....

So sorge ich für einen guten Tag ...

....
....
....
....
....

Positive Selbstbekräftigung

....
....

Aber man hat sich selbst, und wenige Einzelne, und es ist auch schön, in sich selbst und wenigen Einzelnen eine Welt zu finden.

Friedrich Hölderlin

Was habe ich heute Gutes für jemanden / für mich getan?

....
....

Was habe ich heute gelernt?

....
....

Tolle Dinge, die ich heute erlebt habe ...

1. ....
2. ....
3. ....

Mo Di Mi Do Fr Sa So ....

Ich bin dankbar für ...

1. ....
2. ....
3. ....

So sorge ich für einen guten Tag ...

....
....
....
....
....

Positive Selbstbekräftigung

....
....

Kleinigkeiten machen
die Summe des Lebens aus.
Charles Dickens

Was habe ich heute Gutes für jemanden / für mich getan?

....
....

Was habe ich heute gelernt?

....
....

Tolle Dinge, die ich heute erlebt habe ...

1. ....
2. ....
3. ....

WOCHENREFLEXION

Meine Highlights & Erfolge der Woche:

Auf einer Skala von 1–10, wie glücklich war ich diese Woche und warum?

1 2 3 4 5 6 7 8 9 10

WOCHENPLANUNG

So sorge ich für eine gute Woche:

Berufsleben:	Privatleben:

Darauf freue ich mich:

1.
2.
3.

NOTIZEN & IDEEN

DEIN GEWOHNHEITS-TRACKER

Gewohnheit

	M	D	M	D	F	S	S
	O	O	O	O	O	O	O
	O	O	O	O	O	O	O
	O	O	O	O	O	O	O

Erinnerung

... nur noch eine Woche.

In seinem Buch *Homo Deus* beschreibt der geniale Autor Yuval Noah Harari die nächsten beiden großen Ziele der Menschheit als die Erlangung von Unsterblichkeit und Glück. Hierzu sagt er auch: «Wahres Glück zu erlangen, wird vermutlich nicht viel einfacher sein, als das Alter und den Tod zu überwinden.»[22] Auch wenn wir das optimistischer sehen, hat er recht damit, dass der Mensch evolutionär bedingt nicht zum Glücklichsein geschaffen ist. Das Streben nach Glück und Zufriedenheit bleibt also immer eine gewaltige Herausforderung.

Wir glauben: Glück ist kein Zufall, sondern eine Frage der Einstellung und Denkmuster. Wir glauben auch: Eine gute Einstellung und positive Denkmuster muss man sich zur Gewohnheit machen, um ein glückliches und erfülltes Leben zu führen.

Nutze also weiterhin die praxiserprobten Prinzipien der Positiven Psychologie und mache wünschenswerte Gewohnheiten – wie Dankbarkeit, Achtsamkeit, Optimismus, das tägliche Bewusstsein, Gutes für andere zu tun oder persönliches Wachstum durch tägliche Reflexion – zum Teil deines Charakters.

Arbeite weiterhin an deinem persönlichen Glück und gönn dir den nächsten Reisebegleiter auf unserer Website 6minutenverlag.de.

Mo Di Mi Do Fr Sa So ....

Ich bin dankbar für ...

1. ....

2. ....

3. ....

So sorge ich für einen guten Tag ...

....

....

....

....

....

Positive Selbstbekräftigung

....

....

Wöchentliche Herausforderung

Stille ist sowohl eine mentale Zahnbürste als auch ein effektives Ladegerät für dein Gehirn, denn Studien zeigen: Stille füllt die kognitiven Ressourcen auf, sie baut Stress ab & wirkt beruhigend, sie lässt sogar neue, vorteilhafte Gehirnzellen wachsen & macht dich somit schlichtweg schlauer.[23] Gönn dir so oft wie möglich ein paar Minuten absoluter Stille & erlebe die positiven Effekte.

Was habe ich heute Gutes für jemanden / für mich getan?

....

....

Was habe ich heute gelernt?

....

....

Tolle Dinge, die ich heute erlebt habe ...

1. ....

2. ....

3. ....

Mo Di Mi Do Fr Sa So ....

Ich bin dankbar für ...

1. ....
2. ....
3. ....

So sorge ich für einen guten Tag ...

....
....
....
....
....

Positive Selbstbekräftigung

....
....

Man muß aus der Stille kommen,
um etwas Gedeihliches zu schaffen.
Nur in der Stille wächst dergleichen.

Kurt Tucholsky

Was habe ich heute Gutes für jemanden / für mich getan?

....
....

Was habe ich heute gelernt?

....
....

Tolle Dinge, die ich heute erlebt habe ...

1. ....
2. ....
3. ....

Mo Di Mi Do Fr Sa So ....

Ich bin dankbar für ...

1. ....

2. ....

3. ....

So sorge ich für einen guten Tag ...

Positive Selbstbekräftigung

Für die lernende Seele hat das Leben auch in seinen dunkelsten Stunden einen unendlichen Wert.

Immanuel Kant

Was habe ich heute Gutes für jemanden / für mich getan?

Was habe ich heute gelernt?

Tolle Dinge, die ich heute erlebt habe ...

1. ....

2. ....

3. ....

Mo Di Mi Do Fr Sa So ....

Ich bin dankbar für ...

1. ....
2. ....
3. ....

So sorge ich für einen guten Tag ...

....
....
....
....
....

Positive Selbstbekräftigung

....
....

Wir werden nicht älter mit den Jahren,
wir werden neuer jeden Tag.

Emily Dickinson

Was habe ich heute Gutes für jemanden / für mich getan?

....
....

Was habe ich heute gelernt?

....
....

Tolle Dinge, die ich heute erlebt habe ...

1. ....
2. ....
3. ....

Mo Di Mi Do Fr Sa So ....

Ich bin dankbar für ...

1. ....
2. ....
3. ....

So sorge ich für einen guten Tag ...

....
....
....
....
....

Positive Selbstbekräftigung

....
....

Die Summe unseres Lebens
sind die Stunden, in denen wir lieben.

Wilhelm Busch

Was habe ich heute Gutes für jemanden / für mich getan?

....
....

Was habe ich heute gelernt?

....
....

Tolle Dinge, die ich heute erlebt habe ...

1. ....
2. ....
3. ....

Mo Di Mi Do Fr Sa So ....

Ich bin dankbar für ...

1. ....
2. ....
3. ....

So sorge ich für einen guten Tag ...

....
....
....
....
....

Positive Selbstbekräftigung

....
....

Der Mensch sollte sich nie schämen, zuzugeben, dass er unrecht hatte. Damit drückt er nur aus, dass er heute klüger ist als gestern.

Alexander Pope

Was habe ich heute Gutes für jemanden / für mich getan?

....
....

Was habe ich heute gelernt?

....
....

Tolle Dinge, die ich heute erlebt habe ...

1. ....
2. ....
3. ....

Mo Di Mi Do Fr Sa So ....

Ich bin dankbar für ...

1. ....

2. ....

3. ....

So sorge ich für einen guten Tag ...

....

....

....

....

....

Positive Selbstbekräftigung

....

....

Mut steht am Anfang des Handelns,
Glück am Ende.

Demokrit

Was habe ich heute Gutes für jemanden / für mich getan?

....

....

Was habe ich heute gelernt?

....

....

Tolle Dinge, die ich heute erlebt habe ...

1. ....

2. ....

3. ....

MONATLICHE 6 FRAGEN

Worüber hast du deine Meinung in den letzten Jahren radikal geändert?
Wie kam diese Änderung zustande?

Wen liebst du von ganzem Herzen, und wann hast du dies das letzte Mal zum Ausdruck gebracht?

Bist du der Vater / die Mutter, der Sohn / die Tochter, der Freund / die Freundin, der Partner / die Partnerin, den oder die du selbst gern hättest?
Wo siehst du noch Verbesserungspotenzial?

MONATLICHE 6 FRAGEN

Wenn du einen Tag in deinem Leben noch einmal genauso erleben könntest, welcher wäre das? Was war so einzigartig an diesem Tag?

Denke an etwas oder jemand Wichtiges, das oder den du in letzter Zeit verloren hast. Welche positiven Erkenntnisse hast du aus dieser Erfahrung gewonnen?

Welche Dinge lösen im Alltag die größte Anspannung in dir aus? Was kannst du tun – oder nicht mehr tun –, um gelassener damit umzugehen?

FINALER CHECK

Gesamtstimmung	1	2	3	4	5	6	7	8	9	10
Dankbarkeit	1	2	3	4	5	6	7	8	9	10
Achtsamkeit	1	2	3	4	5	6	7	8	9	10
Familie	1	2	3	4	5	6	7	8	9	10
Freunde	1	2	3	4	5	6	7	8	9	10
Partnerschaft	1	2	3	4	5	6	7	8	9	10
Spaß	1	2	3	4	5	6	7	8	9	10
Ruhe & Gelassenheit	1	2	3	4	5	6	7	8	9	10
Zeit für dich	1	2	3	4	5	6	7	8	9	10
Gesund essen	1	2	3	4	5	6	7	8	9	10
Wasser trinken	1	2	3	4	5	6	7	8	9	10
Sport	1	2	3	4	5	6	7	8	9	10
Nach draußen gehen	1	2	3	4	5	6	7	8	9	10
Gesundheit	1	2	3	4	5	6	7	8	9	10
Kreativität	1	2	3	4	5	6	7	8	9	10
Finanzen	1	2	3	4	5	6	7	8	9	10
Arbeit & Ausbildungen	1	2	3	4	5	6	7	8	9	10
Gedanken & Emotionen	1	2	3	4	5	6	7	8	9	10
Die Gegenwart	1	2	3	4	5	6	7	8	9	10
Die Zukunft	1	2	3	4	5	6	7	8	9	10

FINALE GEDANKEN

Ein gewaltiger Meilenstein

... du hast es geschafft!

In den letzten Monaten hast du fleißig die Seiten mit deinem Leben gefüllt und dein *6-Minuten-Tagebuch Pur* vollendet. Atme Erfüllung ein und Zweifel aus, denn so konstant und proaktiv ist nicht jeder. Du kannst mächtig stolz auf dich sein!

Nimm dir ein paar Minuten Zeit und blättere durch die Seiten. Sieh dir noch mal alle Monats-Checks an und reflektiere, welche Veränderungen du in den letzten Monaten durchlebt hast.

Gönn deinem inneren Kritiker eine Auszeit und gönn dir selbst etwas Schönes. Mach dir ganz unverfroren klar, wie toll du bist, und feier dich einfach mal selbst! Genieße, was du geschafft hast, und lass den Erfolg auf dich wirken ...

Wie fühlst du dich jetzt? Hoffentlich den Umständen entsprechend: nämlich phänomenal und phantastisch ...

Eine letzte Frage haben wir noch: Was hast du heute Gutes für jemanden getan? Deine Antwort: «Ich habe eine Bewertung zu meinem 6-Minuten-Tagebuch Pur geschrieben» :)

Mit diesem großen Gefallen hilfst du uns immens, denn aktuelle Rezensionen – auf Amazon oder unserer Website – erlauben uns, in den Suchergebnissen zu erscheinen. So können wir weiterhin Bücher entwickeln, die mehr Dankbarkeit, Achtsamkeit und Lebensfreude verbreiten. Danke für deine Unterstützung!

Schreib mir einfach auf Instagram: @dominikspenst.
Wenn du Lust auf Tipps rund um das Thema Journaling hast, dann wirst du hier fündig: @6minutenverlag

6-Minuten-Newsletter

… ein Newsletter, der dich wirklich weiterbringt

Wenn dir *Das 6-Minuten-Tagebuch Pur* gefällt, wirst du auch unseren *6-Minuten-Newsletter* lieben!

Dort erhältst du alle zwei Wochen Denkanstöße für ein erfüllteres Leben! Egal, ob spannende Geschichten, Buch- oder Podcastempfehlungen – wir legen besonderen Wert auf wirklich machbare und gleichzeitig wissenschaftlich fundierte Tipps, die du direkt in deinem Alltag umsetzen kannst. Zudem sind wir der einzige deutsche Newsletter, der mehrmals im Jahr 200 Stunden Coachings mit zertifizierten Coaches der renommierten Deutschen Gesellschaft für Positive Psychologie verlost. Das wissen auch unsere Leser zu schätzen:

> «Danke für den inspirierenden Newsletter – by the way der einzige, den ich konsequent jede Woche lese :)» – *Romina*
>
> «Vielen, vielen Dank für deinen tollen Newsletter, er ist am Mittwochmorgen immer das Erste, das ich lese – noch im Bett!» – *Valeria*
>
> «Ich habe wenige Newsletter abonniert. Vor allem diesen. Weil er so ehrlich und aufrichtig ist und mir immer etwas gibt.» – *Fabian*

Über 100 000 Menschen lassen sich von uns in ihrem Mailfach inspirieren. Schließ dich – unter 6minutenverlag.de/newsletter oder über den QR-Code – an:

Dominik & das 6-Minuten-Team
Wir freuen uns auf dich!

Eine Investition in Wissen
bringt noch immer
die besten Zinsen.

Benjamin Franklin

Quellen

1 Die Wirksamkeit des 6-Minuten-Tagebuchs ist wissenschaftlich bestätigt. – Lorenz, Timo / Algner, Mona / Binder, Benjamin (2022): A Positive Psychology Resource? Evaluation of the Effectiveness of the 6-Minute-Diary in a Randomized Control Trial, in: Frontiers in Psychology Journal, Ausgabe 13.

2 Motivation entsteht durch tun – Steven Guise (2015): Viel besser als gute Vorsätze: Wie Sie mit MIni-Gewohnheiten Maxi-Erfolge erleben.

3 Wie positive Erfahrungen es ins Langzeitgedächtnis schaffen – Hanson, Rick (2016): Hardwiring Happiness: The New Brain Science of Contentment, Calm and Confidence.

4 Albert-Einstein-Zitat – Andersen, Erika (2011): «Start the New Year Like Albert Einstein», in: Forbes Magazine. https://www.forbes.com/sites/erikaandersen/2011/12/30/start-the-new-year-like-albert-einstein/#4ea916523e12.

5 Gehirnscans zeigen Effektivität von Affirmationen – N. Cascio, Christopher / Brook O'Donnel, Matthew / Falk, Emily B. / Taylor, Shelley E. / Tinney, Francis J. (2015) Self-affirmation activates brain systems associated with self-related processing and reward and is reinforced by future orientation, in: Social Cognitive and Affective Neuroscience, Ausgabe 11 (4).

6 Negative und verneinte Selbstbekräftigungen – Baumann, Siguard (2006): Psychologie im Sport.

7 Positive Effekte von sanftem Druck durch Freunde und Familie – Hayes, Stephen C. / Rosenfarb, Irwin / Wulfert, Edelgard / Mund, Edwin D. / Korn, Zamir / Zettle, Robert D. (1985): Self-reinforcement effects: An artifact of social standard setting?, in: Journal of Applied Behaviour Analysis, Ausgabe 18 (3).

8 Wie abschalten die Produktivität und Kreativität erhöht – Baird, Benjamin / Smallwood, Jonathan /Mrazek, Michael D. (2012): Inspired by Distraction. Mind Wandering Facilitates Creative Incubation, in: Psychological Science. Vol. 23, Issue 10, pp. 1117–1122. https://doi.org/10.1177/0956797612446024.

9 Die Prinzipien hinter selektiver Wahrnehmung – Eccles, John C. (1996): How the Self controls its Brain.

10 Der Planungsfehlschluss – Kahneman, Daniel, übersetzt von Thorsten Schmidt (2012): Schnelles Denken, langsames Denken.

11 Gewohnheiten hinterlassen feste neuronale Strukturen im Gehirn - Seger, Carol A. / Spiering, Brian J. (2011): A Critical Review of Habit Learning and the Basal Ganglia, in: Frontiers in Systems Neuroscience. 5:66.

12 Neuronale Strukturen alter Gewohnheiten können re- aktiviert werden Duhigg, Charles (2012): The Power of Habit. Why We Do What We Do in Life and Business.

13 Schlaue Menschen stellen Fragen, anstatt alle Antworten parat zu haben. Aus dem Englischen übersetzt aus: Dalio, Ray (2017). Principles. Life and Work.

14 Die glücklichsten Menschen sind diejenigen, die ihre Natur entdecken. Aus dem Englischen übersetzt aus: Dalio, Ray (2017). Principles. Life and Work.

15 Der Wahn der vollendeten Lebensgeschichte – Gilbert, Daniel T. / Quoidbach, Jordi / Wilson, Timothy D. (2013): The End of History Illusion, in: Science 04 Jan 2013. Vol. 339, Issue 6115, pp. 96–98.

16 66 Tage bis zur festen Gewohnheit – Lally, Phillippa / Van Jaarsveld H. M., Cornelia / Potts, Henry W. W. / Wardle, Jane (2009): How habits are formed: Modelling habit formation in the real world, in: European Journal of Social Psychology, Ausgabe 40 (6).

17Gewohnheiten hinterlassen feste neuronale Strukturen im Gehirn – Seger, Carol A. / Spiering, Brian J. (2011): A Critical Review of Habit Learning and the Basal Ganglia, in: Frontiers in Systems Neuroscience. 5: 66.

18 Neuronale Strukturen alter Gewohnheiten können reaktiviert werden – Duhigg, Charles (2012): The Power of Habit. Why We Do What We Do in Life and Business.

19 Die Wirkung von Musik – Herden, Birgit (2012): Die Macht der Musik, in: https://www.zeit.de/zeit-wissen/2012/01/Psychologie-Musik, letzter Aufruf: 10. 05. 2018.

20 Das Kind in uns – Wolfram Eilenberger (2017): Wo ist das Kind, das ich war?, in: https://www.zeit.de/kultur/2017-11/erwachsenwerden-kindheit-entwicklung-philosophie, letzter Aufruf: 10. 05. 2018.

21 Bist du lieber im Recht oder im Gleichgewicht? – Mager, Dan (2014): Would You Rather Be Right or Would You Rather Be Happy? In: https://www.psychologytoday.com/us/blog/some-assembly-required/201407/would-you-rather-be-right-or-would-you-rather-be-happy, letzter Aufruf: 09. 05. 2018.

20 Die nächsten beiden großen Ziele der Menschheit – Harari, Yuval Noah (2016): Homo Deus. Eine Geschichte von Morgen.

21 Warum Stille unserem Gehirn guttut – Gregoire, Carolyn (2017): Why Silence Is So Good For Your Brain, in: https://www.huffingtonpost.com/entry/silence-brain-benefits_us_56d83967e4b0000de4037004, letzter Aufruf: 11. 05. 2018.

NOTIZEN

NOTIZEN

NOTIZEN

NOTIZEN

NOTIZEN

NOTIZEN

NOTIZEN

NOTIZEN